中公新書 1971

寺澤 盾著

英語の歴史
過去から未来への物語

中央公論新社刊

まえがき

およそ1500年にわたる英語の歴史を辿ってみると、それはまさに波瀾万丈の物語である。5世紀半ば、ブリテン島の一部でしか話されていなかった英語は、いまや世界のいたるところで、母語・公用語・外国語として使われる世界語・国際語となっている。

使用者数も、母語・公用語・外国語として英語を用いている人を合わせると、21世紀初頭現在、約15億―世界人口の4分の1―にも及ぶ。100余年前の1900年には英語話者数が約1億2000万人であったことを考えると、驚くべき増加である。

しかし、英語の過去から現在への旅はいつも順風満帆であったわけではない。8世紀半ば以降、英国は北欧のヴァイキングの侵入を受け、1016年には北欧のデーン人が英国王になった。

それからちょうど50年後の1066年には、いわゆるノルマン征服という一大事件が起こった。その結果、英国ではフランス語が支配層の言語となり、英語は表舞台からしばらく消えることになった。議会・裁判所・教会ではラテン語・フランス語が用いられ、英国人であっても英語でなくフランス語・ラテン語で執筆することは珍しいことではなかった。

このような危機的な状況のなかから、どのように英語は復権し、今日のような世界語・国際語となったのであろう

か。また英語は、今後将来にわたってもその地位を保ち続けられるだろうか。本書では、英語の過去・現在・未来について、それを取り巻く社会・文化的環境と結び付けながら見ていく。

さて、私たちが普段接しているのは現代英語であるが、英語の歴史を学ぶことにどのような意味があるのだろうか。「温故知新」というが、英語の歩んできた道程を知ることで、現代英語に対する理解を深めることができる。

英語を学んでいると、疑問がいろいろわいてくる。たとえば、debt や receipt は、それぞれ b と p という文字は綴られているが発音されない。これらの文字はなぜ発音されないのだろうか。これは現代英語だけを見ていたのではうまく説明がつかない。

debt や receipt の語源を辿ってみると、いずれもフランス語から借用された語で、当初は b, p が含まれていなかったことがわかる。したがって、現代英語における両語の発音は歴史的に見て正しいことになる。それでは、いつどのような理由で b, p が挿入されたのであろうか。

英語では、ほかにも綴り字と発音のずれは見られる。母音字 o を2つ重ねた oo という綴りは、food, fool, moon では /u:/ と発音されるのに対して、foot では短母音化して /u/ となり、blood では /ʌ/ となる。また、wide や five の母音字 i は /ai/ と発音されるのに、それらから派生した width や fifth ではともに /i/ となっていて、母音の発音が異なっている。

こうした綴り字と発音の不一致の理由は、第4章で詳し

く解き明かしたい。

現代英語の語彙にも不思議な現象が見られる。たとえば、「食肉」を表わす語は meat であるのに、それを売る「肉屋」は butcher で、meat とまったく関連がない。同様に cloth（布）から洋服を仕立てるのは tailor（仕立屋）であるが、両語の形につながりは見られない。このように意味の関連はあるのに形態上の関連がない語群が現代英語で多く見られるが、それはなぜだろうか。

第3章で説明するように、これには英語が多くの外来語、とくにフランス語・ラテン語からの借用語を取り入れてきたことがかかわっている。英語にもとからある meat や cloth に対して、butcher と tailor はフランス語からの借用である。

さて、借用語といえば Japan も外来語であるが、この語は日本語からの借用であろうか。もし日本語から直接英語に入ったとすると Nippon, Nihon という発音に近かったであろう。それでは、Japan の由来は何であろうか。

最後に、文法面でも、現代英語にはさまざまな不規則性がある。疑問文・否定文では、be 動詞や助動詞以外の動詞では do が挿入され、Do you have any money?, I don't have any money. という。しかし、イギリス英語では、Have you any money?, I haven't any money. のように do を用いないこともある。do を用いない例は、How goes it?（元気かい）などの慣用表現にも見られる。こうした不可解な文法現象は、do の歴史を遡ることで見えてくる。

本書では、英語の過去・現在・未来について詳しく見ていく過程で、上で述べたような現代英語に見られるさまざ

まな不思議にも答えていきたい。

執筆にあたっては、とくに以下の点に留意した。

第一に、英語が辿ってきた歴史を見ていく場合でも、過去の言語事実が現代英語とどのように関連するのかといった点に注意を払い、英語学習者に役立つ英語史情報をできる限り盛り込む。

第二に、従来の英語史の書物では十分に取り上げられることがなかった20世紀以降の現代英語にも紙幅を割き、「国際語としての英語」の現況を概観する。さらに、現代英米社会の変化と連動して変容しつつある現代英語の姿にも迫ってみたい。

第三に、図表・写真など視覚的な情報やコラムを随所に取り入れ、読者にとってわかりやすく、肩のこらない読み物にする。ただ、その一方で、英語史をすでに学んでいる人にとっても有益な情報を提供することに努め、言語変化・英語史に関する最新の知見も取り入れる。

それでは、英語が過去から現在へと織りなしてきた、そして今後も織りなすであろう興味深い物語の世界へ読者の方々を誘いたい。

Contents
目次

Changing English
英語の歴史

まえがき i

第1章
国際語としての英語 ... 3

第2章
英語のルーツ ... 19

第3章
語彙の増大 ... 37

 I 英語史の概要

 II 古英語期──派生と複合による新語形成

 III 中英語期──大量のフランス語流入

 IV 近代英語期──国際化した借用語

第4章
綴り字・発音・文法の変化 ... 95

 I 綴り字と発音のずれ

 II 文法──人称代名詞と助動詞の発達

第5章
英語の拡張 ... 135

第6章

現代の英語 ... 147

I　科学技術の進歩
II　環境問題
III　差別撤廃運動
IV　性差とフェミニズム

終　章

英語の未来 ... 189

あとがき　201
　文献案内　207
　英語史年表　215
　人名・作品名・事項索引　225　／　語句索引　230

★column★

Airspeak　8　／『オックスフォード英語辞典』　15　／英語とドイツ語の音の対応　23　／グリム兄弟　34　／『ベーオウルフ』　39　／英語と北欧語のクレオール　56　／古英語のなぞなぞ　60　／ボキャブラリー・クイズ　72　／日本語からの借用語　87　／ジョンソンの英語辞典　93　／ghotiクイズ　99　／Cockney　113　／尊敬の複数　119　／イギリス英語とアメリカ英語の違い（語彙）　139　／トクピシン文法入門　146　／かばん語　158　／＠の呼び名　161　／-challengedを用いたPC表現　171　／米国版『ハリー・ポッター』　176　／父と母なる神　181

英語の歴史
Changing English

―― 過去から未来への物語

第1章
国際語としての英語
English as an International Language

H. G. ウェルズの予言

『タイム・マシン』(*The Time Machine*, 1895) などの空想科学 (SF) 小説で有名な H. G. ウェルズ (H. G. Wells, 1866−1946) は、1933年に『世界はこうなる』(*The Shape of Things to Come*) という歴史小説を発表した。歴史小説といっても、過去の出来事について述べるのではなく、22世紀初頭という未来から時代を遡るという設定になっており、未来歴史 (history of the future) 小説とでも呼ぶべき作品である。

この小説のなかでウェルズは、20世紀から21世紀にかけて、世界で起こった出来事を回想し、1933年以降にはじまる大戦争などを記しているが、残念ながらこの予言は的中してしまった。ウェルズによれば、こうした混乱を経たのちに、世界国家が建設され、そこでは、科学技術が高度に発達し、数百万の人を動員した大百科全書が作られる(なお、この百科全書はウェブ上の百科事典ウィキペディア〈Wikipedia〉を予言したものといえる)。そうしたなかで、英語が全世界の共通語として確立することが、以下のように述べられている。

One of the unanticipated achievements of the twenty-first century was the rapid diffusion of Basic English as the lingua franca of the world and the even more rapid modification, expansion and spread of English in its wake. The English. . . has shed the last traces of such archaic elaborations as a subjunctive mood ; it has simplified its spelling, standardized its pronunciation, adopted many foreign locutions and naturalized and assimilated thousands of foreign words.... This convenience... was made the official medium of communication throughout the world by the Air and Sea Control, and by 2020 there was hardly anyone in the world who could not talk and understand it.

21世紀における予想もしなかった成功の一つは、ベーシック・イングリッシュが世界の共通語として急速に普及したことであり、その過程でさらに英語が急速に改訂され、発展し、普及したことである。(21世紀の) 英語では……仮定法のような古めかしく手の込んだ表現の痕跡はもはや見られず、綴りは簡略化され、発音も標準化され、多くの外国語法が取り入れられ、何千にも及ぶ外国語が同化された。〈中略〉(ベーシック・イングリッシュという) この便利な道具は……航空・海上管制言語として世界中で公式のコミュニケーションの手段となり、2020年までには、英語を話したり理解したりすることのできない人はほとんどいなくなった。

共通語としての英語

『世界はこうなる』で予言されたように、21世紀を迎えた現在、英語はまさに「国際語」(international language) として、世界中で共通のコミュニケーションの手段、つまり「リングワ・フランカ」(lingua franca) として用いられている。

たとえば、インターネットの草創期には、その技術がアメリカで開発されたこともあり、ネット上の大部分の情報は英語によって伝えられていた。その後、インターネットが英語以外の言語の話者にも普及し、ネット上で使える言語が増えるにしたがって、インターネットでの英語の独占的地位は崩れつつある。それでも、2007年に行われた調査

によると、インターネット使用者で英語を母語とする人の割合は、全体の3割を占め、いまだに首位を守っている。しかし、中国語やスペイン語を母語とするネット使用者も急激に増えており、とくに中国語は近い将来、インターネット言語として英語の有力な対抗馬になるであろう。

インターネット上の言語

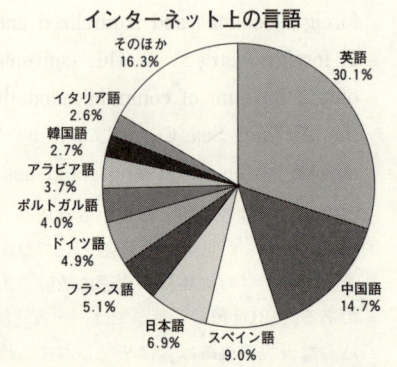

- そのほか 16.3%
- 英語 30.1%
- イタリア語 2.6%
- 韓国語 2.7%
- アラビア語 3.7%
- ポルトガル語 4.0%
- ドイツ語 4.9%
- フランス語 5.1%
- 日本語 6.9%
- スペイン語 9.0%
- 中国語 14.7%

出所：Miniwatts Marketing Groupによる2007年調査

　そのほかのメディアでも英語は重要な存在となっている。日本の主要な新聞社は英語版を発行しており、NHKにも英語版ウェブサイトがあり日本のニュースを英語で聴くことができる。9.11テロ後にオサマ・ビンラディン（Osama bin Laden, 1957–）の声明を独占放送し世界に知られるようになった中東カタールの衛星テレビ局アルジャジーラは、アラビア語による放送を行っているが、2006年11月には英語による放送「アルジャジーラ・イングリッシュ」を開始した。米国と敵対しているイランでも、2007年7月に英語による衛星テレビ「プレスTV」が開局した。これは、ニュースを中心にした24時間放送で「イラン版CNN」とも称される。

　また、広告でも英語は広く用いられている。日本の大手自動車メーカーの多くは、トヨタ（Drive Your Dreams）、

日産（SHIFT_the future）、ホンダ（The Power of Dreams）などのように、英語による企業スローガンを掲げている。

英語は、通商・外交の分野でも、世界共通語として用いられることが一般的である。石油産出国の利益を守るために1960年に結成された石油輸出国機構（OPEC）では、中東を中心にアフリカ、アジア、南米の13ヵ国からなる加盟国はいずれも英語を母語としないにもかかわらず、会議では唯一の公式言語として英語が用いられている。このほか、英語は国際連合（国連）や北大西洋条約機構（NATO）の公用語の一つであり、世界の金融秩序安定の役割を担う世界銀行（World Bank）と国際通貨基金（IMF）においても同様な役割を果たしている。

また、ウェルズが予言したように、英語は、航空や海洋上の交信の際、国際公用語として定着しつつある。航空通信の英語はエアスピーク（Airspeak）とも呼ばれるが、日本国内で日本語を母語とするパイロットと管制官の間であっても、英語で交信が行われるのが原則である。

1985年に群馬県の御巣鷹山に墜落した日航機のヴォイスレコーダー（インターネット上で公開されている）を聴いても、日本人パイロットと日本人管制官の間のやりとりは英語で行われていたことがわかる（ただし緊急時のため例外的に途中から日本語に切り替えられている）。しかし、英語を母語としないパイロットや管制官による英語での交信には、事故につながりかねない誤解が生じるリスクがあるため、日本では管制英語と日本語を併用することも検討されている。

学術の世界でも、英語は共通語として用いられることが

近年多くなってきている。とくに自然科学の分野では、論文を英語で書くことが一般的になっている。人文科学でも、言語学の分野では最近世界で発表される論文の9割近くが英語である。

スポーツ・娯楽の分野でも、英語の進出は目覚ましい。オリンピックの公式言語は、オリンピック憲章第2章24条でフランス語と英語に定められているが、第1公用語はフランス語である。これは近代オリンピックの礎を築いたフランスのクーベルタン男爵（Pierre de Coubertin, 1863-1937）に敬意を表わす意味もある（なお、開催地などを決め

★column──Airspeak

航空管制に用いられる英語は、日常使用される英語とは大きな違いがある。たとえば、アルファベットの読み方は、Aは「アルファ」（Alfa）、Bは「ブラーヴォ」（Bravo）、Cは「チャーリー」（Charlie）、Dは「デルタ」（Delta）である。数字の読み方も、3は「トゥリー」（tree）、1000は「タウザンド」（tousand）となるが、これは、英語の three や thousand の th /θ/ の発音が英語を母語としない多くの人にとって発音・聴解が難しく、また無線通信では聞き取りにくいので避けられたためである。ほかに、5は「ファイフ」（fife）、9は「ナイナー」（niner）というが、数字の9については、nine がドイツ語の nein /nain/（英語の no に相当）と混同されるおそれがあるため、niner を用いる。

また、安全運航のために管制塔と航空機との間のコミュニケーションは、一切の曖昧性を排した形で行われる。相手方に自分の言ったことが伝わったかどうか確認する場合、日常英語ならば、Did I make myself understood?（私の言ったことが伝わりましたか）、Am I clear enough?（私の言ったことはわかりますか）、Can you hear me?（私の声が聞こえますか）などさまざまな表

第1章 国際語としての英語

る国際オリンピック委員会〈IOC〉では、フランス語、英語以外に、ドイツ語、スペイン語、ロシア語、アラビア語の同時通訳がある)。

　オリンピックと並ぶ世界的スポーツ・イヴェントであるサッカーのワールドカップを主催する国際サッカー連盟(Fédération Internationale de Football Association, 略 FIFA)の公式言語は、英語、ドイツ語、スペイン語、フランス語である。だが、2006年のドイツ大会ではレフェリーの公式言語は英語のみとなった。

　映画の世界は、『スター・ウォーズ』(*Star Wars*)、『タ

現があるが、管制英語では、How do you read？(了解しましたか)が唯一の認められた形である。

　相手のメッセージを了解したときに用いられる決まった言い方は、roger(了解)である。これは、Rogerという人名がreceived and understood(了解)という語句と同様、頭文字rではじまるためである。以下挙げたのは、航空機と管制との(想定)交信である。

[**Aircraft**]：Narita Approach – Japanair 403 approaching Choshi 6000 feet.
[航空機]：成田進入管制へ、日本航空403便は銚子に接近、高度6000フィート。
[**Approach Control**]：Roger Japanair 403 – leave Choshi heading 319 for Lake – contact Arrival 125.8 – report heading.
[進入管制]：了解、日本航空403便。銚子から磁方位319で湖に進行せよ。到着管制へ周波数125.8で連絡せよ。磁方位を報告せよ。

(Quirk, *Words at Work* より引用)

イタニック』(*Titanic*)、『ロード・オブ・ザ・リング』(*The Lord of the Rings*)など、次々に大ヒットを生み出すアメリカのハリウッドが席巻しているが、世界で上映される映画の8割以上で英語が用いられている。

世界のポップミュージックの百科事典 *The Penguin Encyclopedia of Popular Music* に載っている世界のミュージシャンのうち、9割を超える者がおもに英語で活動している。1970年代半ばから80年代初めにかけて、「ダンシング・クイーン」(Dancing Queen)などの世界的ヒット曲を次々に出したABBA(アバ；4人のメンバーの名前の頭文字をとって命名)は、スウェーデンの男女4人のグループであるが、ほとんどすべての曲を母語であるスウェーデン語でなく英語で発表していた。

英語の使用者数はどのくらいか

では、さまざまな分野で世界共通のコミュニケーションの手段として使われ、国際語となった英語は世界でどのくらいの数の人びとによって話されているのだろうか。

この問題を考えるにあたっては、3つのタイプの英語を区別しておく必要がある。

まず、「母語としての英語」(English as a Native Language, 略 ENL)が挙げられる。おもに英国、米国、カナダ、オーストラリア、ニュージーランドなどにおける英語がこれにあたる。英語を母語として話す人は少なく見積もって3億2000万、多く見積もると4億人近くになるともいわれる。

次に、「第2言語としての英語」(English as a Second

「母語としての英語」と「第2言語としての英語」の分布図

■ 母語としての英語 　□ 第2言語としての英語

McCrum, Cran and MacNeil, *The Story of English* の図をもとに作成

Language, 略ESL）がある。英語が第2言語として用いられている地域では、母語は英語とは別の言語だが、議会、公共放送、高等教育など公の場で英語が用いられる。英語をこのような公用語として用いているのは、ナイジェリア、インド、シンガポールなど現在70ヵ国以上に及ぶ。

こうした地域でのESL人口は正確に把握するのは難しいが、おおよそ3億5000万前後と見積もられている。したがって、現在のところ、ENLの人口とほぼ拮抗している。しかし、ESLの国々は人口の増加の著しい地域であり、一方でENLの国々の人口は米国やオーストラリアを除いて漸減傾向にあるので、近い将来ESL人口がENL人口を抜き去るのは確実であろう。

第3番目は、「外国語としての英語」（English as a Foreign Language, 略EFL）である。これは、英語を母語や公用語として用いていないが、学校教育などで外国語とし

て英語を取り入れている場合である。日本における英語の位置付けがこれにあたる。どのくらいの英語の能力をもって英語使用者と見なすか必ずしも客観的な基準がないので、EFLの人口を算定するのは困難である。そのため、1億と見積もる学者から10億とする学者まで幅があるが、7億5000万ぐらいが妥当と考えられる。

　ENL, ESL, EFLそれぞれの人口を合計すると約15億の人びと―世界の4分の1―が英語使用者であり、13億といわれる中国語の使用者数を上回ることになる。1900年における英語使用者数はおおよそ1億2000万であるので、100年の間に10倍以上も増えたことになる（21世紀初頭の世界人口は、1900年当時の約4倍であることを考えると、その増加のすごさがわかる）。そして、母語話者よりもはるかに多い人びとによって第2言語、外国語として用いられているという点で、英語は過去から現在にかけて、おそらくいかなる言語も経験したことのない特異な状況に置かれている。また、その使用者が世界の隅々まで分布しており、英語はまさに「世界語」（world language）あるいは「地球語」（global language）となったといえる。

　現代を代表する英語学者の一人である英国人ランドルフ・クワーク（Randolph Quirk, 1920－）は、英語を「日の沈まぬ言語」（the language on which the sun does not set）と評している。しかし、世界語・地球語としての英語に対しては、英語母語話者に多大な権力・利益をもたらす一方、少数派の言語を消滅に向かわせるのではないかという警戒心も存在する。

英語産業

いままで述べてきたように、英語は今日母語話者の数をはるかに上回る人びとによって公用語または外国語として用いられているが、英語を母語としない者にとっては英語学習が必要となる。その結果、英語に関連する辞典、教材、会話学校などの需要が世界中で高まっている。

TOEFL対策のテキスト

また、米国留学をめざす学生向けの英語能力検定テストであるトーフル (TOEFL, *Test of English as a Foreign Language* の略)、ビジネス現場にいる人の英語検定として日本の企業でも用いられるトーイック (TOEIC, *Test of English for International Communication* の略) など、さまざまな英語検定試験もある。TOEFLは、1964年にはじまって以来、受験者は2000万人にのぼり、TOEICも年間の受験者数は450万人を超える。

英国で作られている英語検定試験としては、ケンブリッジESOL試験 (University of Cambridge ESOL Examinations) があるが、年間130ヵ国から200万人の受験者がある。なお、ESOLは *English for Speakers of Other Languages* の略である。

とくに英国は、ブリティッシュカウンシル (英国文化振興会) を中心として、海外における英語の普及に努めており、英語教育から得ている収益は、英国にとって重要な収入源となっている。

国際色豊かな英語語彙

世界語となった英語の特徴について少し見てみよう。英語辞書として最大・最良といわれる『オックスフォード英語辞典』(*The Oxford English Dictionary*, 通称 *OED*) には50万を超える語が収録されている。また、1934年に米国で出版され、*OED*を上まわる語彙数を誇る『ウェブスター新国際英語辞典（第2版）』(*Webster's New International Dictionary of the English Language, Second Edition, Unabridged*) の収録語数は66万語に及ぶ。ともに数多くの単語を収録しているが、いずれの辞書も現代英語では使われていない廃語・古語などを含む。

これに対して、ドイツ語辞典として最大級の『ドイツ語辞典』(*Deutsches Wörterbuch*) は見出し語が約35万語（廃語・古語を含む）、おもに現代ドイツ語を収録した『ドゥーデン・ドイツ語大辞典』(*Duden Das große Wörterbuch der deutschen Sprache*) の見出し語は20万語以上である。また、現代フランス語の大辞典として知られる『フランス語宝典』(*Trésor de la langue française*) の収録語数は10万語である。この2つの言語の代表的辞典と比較すると、英語の語彙数の豊富さが際立つ。ただし、辞書によって何を1語と数えるかについては基準がまちまちなので、以上の数値はあくまでもおおよそのものである。また、いずれの辞書にも載っていない科学専門用語が多数存在するので、それぞれの言語の実際の語彙数は先の数値よりも多いと考えられる。

こうした豊富な語彙は、歴史的に英語が外国語に対して門戸を開いてきたことによる。『オックスフォード英語辞

第1章　国際語としての英語

★column──『オックスフォード英語辞典』

第2版の表紙

英国が世界に誇る英語辞典。初版は1884年から1928年まで40年余りをかけて刊行された。当初は、*A New English Dictionary*（略 *NED*）と称されていた。初版は、10巻からなり、総頁数1万5000を超える。

この辞典は、「歴史的原理」に基づき、1150年以降の文献にあらわれるすべての語（固有名詞などを除く）を収録し、それぞれの語について、語義を古い順に示し、最も古い用例を挙げ、廃語の場合には最終例を載せている（最も引用されている作家は、シェークスピアで、最も引用されている作品はシェークスピアの『ハムレット』である）。

たとえば、minister という単語を引けば、それが14世紀にフランス語から借用され、もとの意味は「僕（しもべ）」であったことが記されている。また、現代英語における the Minister of Foreign Affairs（外務大臣）のように、minister が「大臣」の意味で用いられるようになったのは、17世紀以降であることもわかる。

1933年には、新語・新語義を収録した補遺（Supplement）を加え、全13巻となり、この時から *The Oxford English Dictionary* が正式名称となった。さらに、1972年から86年にかけて4巻からなる新補遺（New Supplement）が追加された。1989年には、新たに約5000語を加えた20巻からなる第2版が刊行された。

1992年には、CD-ROM版が出版され、紙の辞書ではできなかったさまざまな検索が可能となった。2000年には、Oxford English Dictionary Online がはじまったが、このオンライン版は3ヵ月に一度更新されており、新語・新語義などをいちはやく見ることができる。

典』に収録されている外来語の語源は日本語を含む350以上の言語に及んでおり、英語は「国際色豊かな語彙」(cosmopolitan vocabulary) をもつといえる。なお、本章の冒頭で引用したウェルズの「予言」でも、世界語となった英語の特徴の一つとして、外国語からの多くの借用が挙げられている。

　一方、今日科学の分野で米国がその研究拠点となっていることから、新たな科学技術の用語が英語で生み出され、語彙をさらに豊かにしている。

　たとえば、e-mail（電子メール）に見られる e-（electronic を縮約した接頭辞）は、e-government（電子政府）、e-ticket（電子航空券）、e-waste（廃棄されたコンピュータ機器類）など次々に新語を増殖させている。アメリカ方言学会（American Dialect Society）は、英語の新語形成に寄与した接頭辞 e- を1998年度の 'Word of the Year' に選んだ。なお、ハイフンのつかない email のような形も見られるが、日常語化した場合1語と感じられ、ハイフンをとる傾向にある。

　こうした豊富な語彙をもつ言語ゆえに英語は国際語にふさわしい、あるいは英語はなるべくして世界語にまで上り詰めたという議論が時に聞かれる。しかし、言語の栄枯盛衰には一般に「適者生存」の原則はあてはまらず、あくまでも政治・経済・社会にかかわるさまざまな要因が生み出した「偶然」である。英語の今日があるのは、19世紀における英国、20世紀以降の米国の政治・経済・科学技術力に依っていることはいうまでもない。

　次章からは、使用者数が15億人といわれ、世界語・国際

語となった英語がどのような歴史的背景をもつのか、そのルーツを訪ねる旅に立ちたい。

第 2 章
◆
英語のルーツ
The Roots of English
◆

英語の故郷

英語は現在約15億の人びとによって話され、その話者は地球の隅々まで拡がっているが、世界語・国際語となった英語はもともと誰によってどこで話されていたのだろうか。

おおよそ1500年あまり前、英語という言語が形成されつつあったとき、この言語を話していたのは、アングル人、サクソン人、ジュート人、フリジア人であった。彼らはいずれもゲルマン小民族であり、現在英国があるブリテン島に住んでいたのではなく、ヨーロッパ大陸のデンマークから北西ドイツおよびオランダに居住していた。

ゲルマン民族のブリテン島侵入

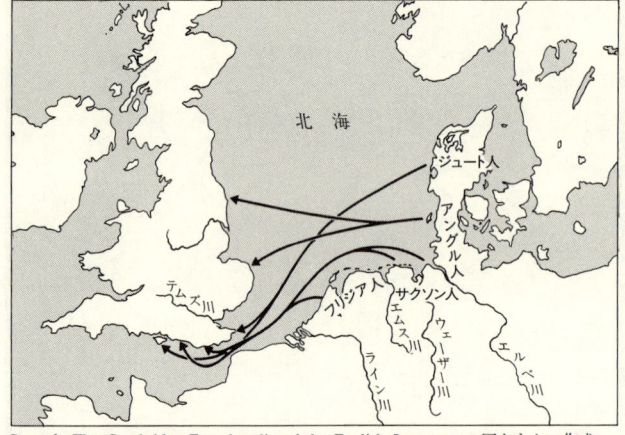

Crystal, *The Cambridge Encyclopedia of the English Language* の図をもとに作成

アングル人などは、いわゆる「ゲルマン民族の大移動」と呼ばれる民族移動の流れのなかで5世紀頃から100年ぐ

第2章 英語のルーツ

らいの間に徐々にブリテン島へ移動をはじめ、ジュート人はブリテン島の南東部のケント地方や南部のワイト島、サクソン人とフリジア人はテムズ川南方、アングル人はテムズ川以北へ定住した。

巨石遺跡ストーンヘンジ ©英国政府観光庁

　もちろんブリテン島には、ゲルマン民族が移動してくる前に先住民が存在していた。そこには、すでに旧石器時代から人類の足跡が見られ、英国南部のソールズベリ丘原に残る有名な巨石遺跡ストーンヘンジ（Stonehenge）は紀元前3000年から紀元前2000年にかけて建てられたものである。

　紀元前1000年頃からケルト系民族がヨーロッパ大陸からブリテン島に渡来した。そのケルト人は、その後ローマ帝国の支配を受けることになるが、ローマが撤退したあと、今度は新来のゲルマン民族によって西方のカンバーランド、ウェールズ、コーンウォールなどに追いやられることになった。なお、伝説のブリテン王アーサー王はケルト系のブリトン人で、侵入したサクソン人を撃退したといわれる。

　ケルト人は、当初はゲルマン民族を区別することなく「サクソン人」と呼んだが、まもなく「アングル人」が総称として使われるようになった。EnglishやEnglandという言葉に見られるEngl-という要素はAngleに由来し、本来はそれぞれ「アングル人の（言語）」、「アングル人の土地」を意味する（現在ブリテン島に住むウェールズ人、アイ

ルランド人、スコットランド人などの本来ケルト系の人びとはEnglishと呼ばれるのを一般に好まないが、それにはこうした歴史的事情がある)。

英語とドイツ語の類似

さて、アングル人、サクソン人、ジュート人、フリジア人は、もともとヨーロッパ大陸に住んでいたと述べたが、その居住地域から考えて、彼らの話していた言葉はドイツ語、オランダ語、デンマーク語などのゲルマン系言語とつながりがあったと容易に想像できる。実際、現代ドイツ語は英語と多くの点で似ている。英語の father, mother, brother, house, field, sing, green は、ドイツ語ではそれぞれ Vater, Mutter, Bruder, Haus, Feld, singen, grün である(なお、ドイツ語では語頭のvは/f/と発音し、名詞の頭文字を大文字にする)。

また、英語の daughter, door, drink と、ドイツ語の Tochter, Tür, trinken との関連は必ずしも自明でないが、英語の/d/がドイツ語の/t/に対応していることを知れば、それぞれの単語が類似していることがわかるだろう。

英語とドイツ語のこうした音の対応を知っていると、英語の deer(鹿)のドイツ語における対応語は Tier(動物)であることがわかる。両者の意味のずれは、deer がかつて「動物(一般)」をさしていたのが、時代が下るにつれて動物の一部である「鹿」に意味を限定させたことによる。

文法面でも、英語の young*er*, young*est* に対して、ドイツ語では jüng*er*, jüng*st* のように比較級・最上級を形成するのにほぼ同じ語尾を用いる。

★column——英語とドイツ語の音の対応

英語とドイツ語の間には、本文で述べた以外にも、規則的な音の対応が見られる。たとえば、英語の/θ/または/ð/(ともに th という綴りで表わされる)はドイツ語の/d/に対応する。

*th*ank	*D*ank / *d*anken
*th*ink	*d*enken
*th*at	*d*aß

したがって、英語の Thank you. や Many thanks.(多謝)に対応するのは、Danke schön. や Vielen Dank.(ともに「どうもありがとう」)である。

また英語の/t/は、語頭にあるときは、ドイツ語の/ts/(z という綴りで表わされる)、母音の間や母音に続く語末にあるときは/s/(s または ss という綴りで表わされる)に対応する。

*t*ide	*Z*eit
*t*ongue	*Z*unge
*t*o	*z*u
wa*t*er	Wa*ss*er
wha*t*	wa*s*

英語の tide は「潮の干満」を意味するのに対して、ドイツ語の Zeit は「時、時間」を意味する。前者はもともと「時」をさす語であったが、それが「潮の満ち引き(の時)」に限定されたものである。Time and tide wait for no man.(歳月人を待たず)という諺では、tide は time とほぼ同じ意味で使われており(しかも両語は語頭の子音が同じで語呂もよい)、tide の古い意味が残っている。

ゲルマン語派

英語とドイツ語の間に見られた語彙の類似性は、英語とオランダ語、北欧諸語の祖先にあたる古ノルド語、ゴート語との間にも見られる。古ノルド語やゴート語で用いられている見慣れない文字ðとþは、それぞれ「エズ」（edh）と「ソーン」（thorn）と呼ばれ、/ð/または/θ/という音を表わす。これらの特殊文字はかつて英語でも用いられた。

英語	オランダ語	古ノルド語	ゴート語
father	vader	faðir	fadar
mother	moeder	móðir	——
brother	broeder	bróðir	brōþar
house	huis	hús	hūs
field	veld	fold	——
sing	zingen	syngva	siggwan
green	groen	grœnn	——

ゴート語は、資料が少ないため一部対応する語を欠いている

上に挙げた語は、すべて日常よく用いられる語彙であり、基本語彙は通常、外国語から借用したりすることは少ない。したがって、こうした語彙の類似は、借用によって生じたのではなく、これらの言語がもともと共通の言語から発祥したことを示している。

英語、ドイツ語、オランダ語、北欧語、ゴート語のいわば親言語は、「ゲルマン基語」（Proto-Germanic）と呼ばれる。ゲルマン基語

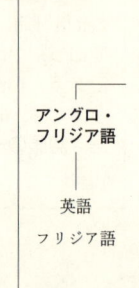

```
アングロ・
フリジア語
 ├ 英語
 └ フリジア語
```

を直接伝える文献は残っていないが、紀元前1世紀頃から徐々に西ゲルマン語（英語、ドイツ語、オランダ語などにさらに分化）、北ゲルマン語（北欧諸語に分化）、東ゲルマン語（ゴート語など）に枝分かれしていった。

西ゲルマン語における低地ドイツ語は、北ドイツ低地で発祥した言語である。一方、高地ドイツ語は、高地の中部から南部ドイツの方言をさし、これが現代ドイツ語の標準語となった。フリジア語は、オランダのフリースラント地方で話されていて、英語と最も近い言語である。フラマン語は、オランダ語のベルギー方言でベルギーの公用語である。アフリカーンス語は、南アフリカ共和国で用いられるオランダ語を起源にもつ言語、イディッシュ語は、欧米のユダヤ人が用いる言語で、ドイツ語にスラブ語・ヘブライ語が混成した言語である。ゴート語は死語で、現在残っているおもな文献は、4世紀の聖書翻訳である。

ゲルマン語派の系統

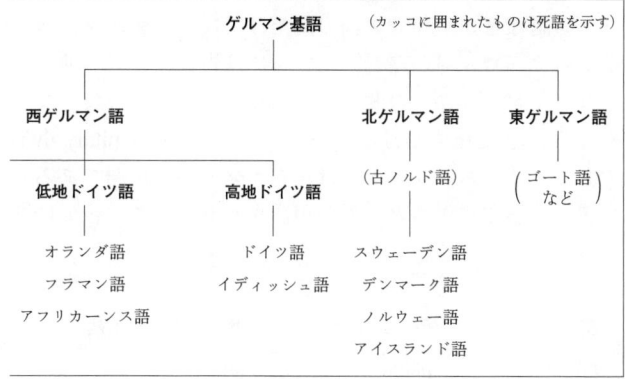

```
                    ゲルマン基語          （カッコに囲まれたものは死語を示す）
                         │
        ┌────────────────┼────────────────┐
    西ゲルマン語        北ゲルマン語      東ゲルマン語
        │                  │                │
   ┌────┴────┐         (古ノルド語)      (ゴート語
低地ドイツ語 高地ドイツ語                    など)

 オランダ語    ドイツ語      スウェーデン語
 フラマン語   イディッシュ語  デンマーク語
 アフリカーンス語            ノルウェー語
                            アイスランド語
```

印欧語の発見

英語がドイツ語、デンマーク語、オランダ語などと共通の祖先をもち、ゲルマン語派に属しているのを見たが、英語とほかのヨーロッパ言語との関係はどうであろうか。

フランス語、イタリア語、スペイン語、ポルトガル語、ルーマニア語は、ラテン語に由来する言語でロマンス語とも呼ばれ、イタリック語派に属す。「父」を意味する語は英語では father に対して、ラテン語では pater、フランス語では père であり、関連性はすぐには見て取れない。しかし、英語の fish, foot に対するラテン語はそれぞれ piscis, pes であり、両言語の間に一定の音の対応—英語の/f/に対してラテン語の/p/—があることがわかる。このほかにも、英語の two, ten, tooth に対するラテン語 duo, decem, dens に見られるような英語/t/とラテン語/d/など、音の対応が数多く見られる。

こうした規則的な音の対応は、英語などのゲルマン語とラテン語などのロマンス語の間だけでなく、ゲルマン語とほかのヨーロッパの諸言語、さらには古代インドのサンスクリット語(梵語)の間にも見られる。たとえば、「父」や「2」を表わす語はサンスクリット語では pitár, dváu である。サンスクリット語は現在インドの公用語であるヒンディー語やパキスタンの公用語ウルドゥー語の祖先にあたる。

英語	**ラテン語**	**サンスクリット語**
father	pater	pitár-

foot	pes	pad-
feather	penna (petna)	pát(t)ra-
three	tres, tria	trayas, tri-
thou	tu	tvám
heart	cor	——
hund(red)	centum	śatám
head	caput	kapála-
two	duo	dváu, dví-
ten	decem	dáśa
tooth	dens	dánt-

ところで、英語には「父」や「足」に関連する語として、一見非ゲルマン系の/p/ではじまる paternal（父方の）、pedal（〈足で踏む〉自転車などのペダル）が見られるが、こうした語は英語本来語でなく、ラテン語またはフランス語からの借用語である。

また、英語の December（12月）はフランス語からの借用で、語源的には「10 (decem) 番目の月」という意味である（2ヵ月早まっているのは、古ローマ暦では1年は10ヵ月からなり、春分の3月が年始であったことによる）。duo（二重奏）や dentist（歯医者）が/d/音をもつのも、それぞれイタリア語とフランス語からの外来語であるためである。

さて、ラテン語やギリシア語とインドの古典語サンスクリット語との間に見られる類似に最初期に気付いた人物の

印欧語族分類表

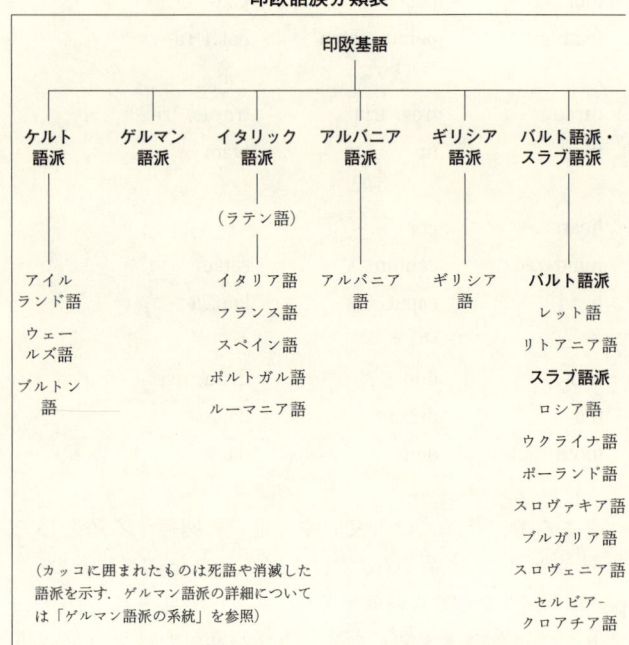

印欧基語					
ケルト語派	ゲルマン語派	イタリック語派	アルバニア語派	ギリシア語派	バルト語派・スラブ語派
		(ラテン語)			
アイルランド語		イタリア語	アルバニア語	ギリシア語	**バルト語派**
ウェールズ語		フランス語			レット語
ブルトン語		スペイン語			リトアニア語
		ポルトガル語			**スラブ語派**
		ルーマニア語			ロシア語
					ウクライナ語
					ポーランド語
					スロヴァキア語
					ブルガリア語
					スロヴェニア語
					セルビア-クロアチア語

(カッコに囲まれたものは死語や消滅した語派を示す. ゲルマン語派の詳細については「ゲルマン語派の系統」を参照)

一人として、英国人ウィリアム・ジョーンズ（William Jones, 1746-94）が挙げられる。カルカッタで裁判官を勤め、優れたインド学者でもあったジョーンズは、1786年2月、カルカッタでアジア協会設立3周年記念に会長として行った講演（"On the Hindu's"）のなかで、これらの言語が同じ言語から発祥していると唱えた。この仮説は、19世紀に比較言語学者によって実証され、ヨーロッパからインドにかけて話されている（話されていた）言語の多くの共

第2章 英語のルーツ

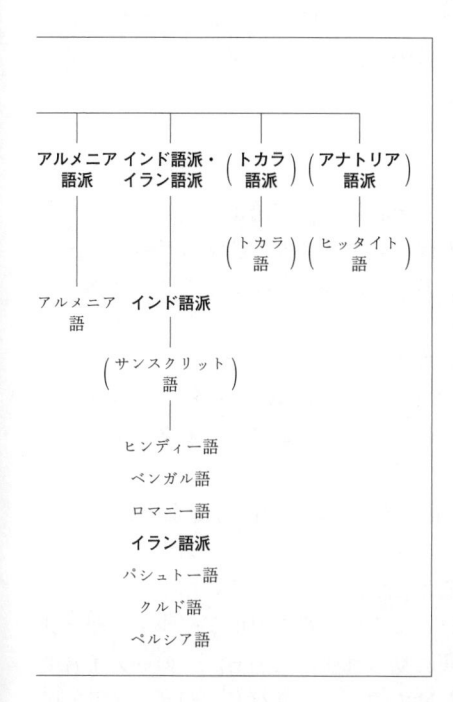

通の祖先は「印欧基語」(Proto-Indo-European) と呼ばれるようになる。

印欧基語の話者は紀元前4000年から紀元前3000年頃まで南東ヨーロッパ（黒海からカスピ海北の地域）またはアナトリア（現在トルコ領）あたりに住んでいて、長い年月をかけて分散していったと考えられる。印欧語族は、およそ12の語派からなり、西はアイスランド、アイルランド、東はインドにまたがる広大な地域に分布している。

```
アルメニア  インド語派・  (トカラ)   (アナトリア)
語派       イラン語派    語派      語派

                      (トカラ)   (ヒッタイト)
                       語        語

アルメニア  インド語派
語
          (サンスクリット)
           語

          ヒンディー語
          ベンガル語
          ロマニー語
          イラン語派
          パシュトー語
          クルド語
          ペルシア語
```

なお、ヨーロッパでも印欧語族に属さない言語が少数見られる。たとえば、フィンランド語とハンガリー語はアジア系のウラル語族のフィン・ウゴル語派に属し、スペインとフランスにまたがるピレネー山脈西部のバスク地方で話されているバスク語は起源不詳である。

ヨーロッパから少し東へ目を向けると、イスラエルの公

用語ヘブライ語はアラビア語と同様アフロアジア語族のセム語派に分類され、政治的な対立とは裏腹に、両者は言語的には近い関係にある。

グリムの法則

　さて、ゲルマン語とそれ以外の言語に見られる音の対応を最初に指摘したのはデンマークの言語学者ラスムス・ラスク（Rasmus Rask, 1787-1832）であった。ヤーコプ・グリム（Jacob Grimm, 1785-1863）がそれを体系化したのはラスクの発見よりも後であったが、一般にはこの音の対応規則は「グリムの法則」（Grimm's law）の名で知られている。ヤーコプ・グリムは『グリム童話』で有名なグリム兄弟の兄である。

　ゲルマン語では印欧基語の/p/, /t/, /k/などがそれぞれ/f/, /θ/, /x/などに変化し、そのほかの印欧語では、多くの場合それが変化せずに残った。その結果、グリムの法則で述べられているような子音の対応がゲルマン語と非ゲルマン印欧語の間に見られるのである。この一大子音変化は、長い年月をかけてゆっくり進行し、紀元前3世紀頃までには完了していたと推定される。

グリムの法則

印欧基語		ゲルマン語
p	→	f
t	→	θ (th)
k	→	x (h)

第2章　英語のルーツ

b	→	p
d	→	t
g	→	k
bh	→	b
dh	→	d
gh	→	g

ヴェルネルの法則

　英語をはじめとするゲルマン語と、そのほかの印欧語との間に見られる音の対応を定式化したグリムの法則には重大な例外が存在する。もう一度、英語、ラテン語、サンスクリット語における「父」を表わす語を見てみよう。英語については、便宜上、古英語期（450-1100）の形を用いている。古英語の fæder に見られる æ は、a と e を合わせた文字で、/æ/ と発音される。

(古)英語	ラテン語	サンスクリット語
fæder	pater	pitár

　語頭の子音の対応（非ゲルマンの p に対してゲルマンの f）は、グリムの法則に従っている。ところが、ラテン語やサンスクリット語の語中の子音の t に対しては、グリムの法則によると英語では th となるはずであるが、実際は古英語形では d となっている（なお現代英語 father の th/ð/ は r の前で、古英語の fæder の /d/ が摩擦音化したもの）。グリムやラスクはこの例外に気付いていたが説明できなかっ

31

た。

　この例外的音対応は、1875年にデンマークの言語学者カール・ヴェルネル（Karl Verner, 1846-96）によって見事に説明された。少し専門的になるが、彼の唱えた説を見てみよう。

　ヴェルネルは、まずサンスクリット語 pitár のアクセントの位置に注目した。サンスクリット語 pitár では、アクセントが2番目の音節 -tár にあるが、ゲルマン基語の段階でもそのアクセントの位置は保たれたとヴェルネルは考えた。語中の t はゲルマン基語ではグリムの法則により規則的に /θ/ となるが、その直前の音節に強勢がないために有声化して /ð/ となった。そして、有声化ののちに、アクセントが語頭の音節へ移動したと説明した（古英語では、さらに /ð/ が有声閉鎖音 /d/ に変化した）。語のはじめに * の印が付いているものは、理論的に再構された形である。

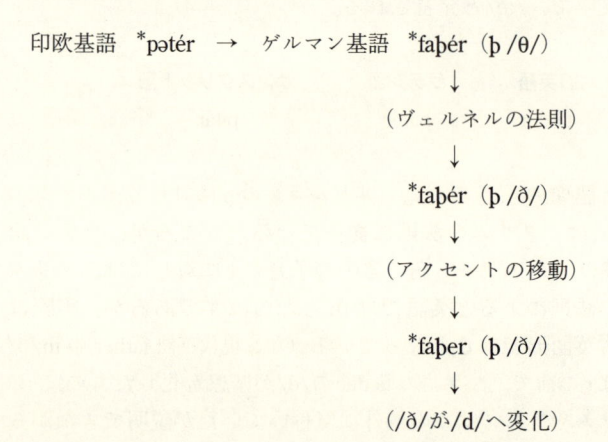

　　印欧基語　*pətér　→　ゲルマン基語　*faþér（þ /θ/）
　　　　　　　　　　　　　　　　　　　　　　↓
　　　　　　　　　　　　　　　　　（ヴェルネルの法則）
　　　　　　　　　　　　　　　　　　　　　　↓
　　　　　　　　　　　　　　　　　　*faþér（þ /ð/）
　　　　　　　　　　　　　　　　　　　　　　↓
　　　　　　　　　　　　　　　　　（アクセントの移動）
　　　　　　　　　　　　　　　　　　　　　　↓
　　　　　　　　　　　　　　　　　　*fáþer（þ /ð/）
　　　　　　　　　　　　　　　　　　　　　　↓
　　　　　　　　　　　　　　　　　（/ð/ が /d/ へ変化）

第2章　英語のルーツ
↓
古英語　fæder

「子音の直前にアクセントがないとき、その子音は有声化する」というヴェルネルの法則、つまり、アクセントの位置によって、子音の有声・無声の違いが生じる現象は現代英語にも見られる。ánxious を例にとると、子音字 x はその前に強勢がくる場合は無声の /ks/ となるが、anxíety では子音字 x の後に強勢が置かれるので、有声の /gz/ と発音される。póssible と posséss, lúxury と luxúrious のペアーについても、語中の子音 /s/ と /kʃ/ はアクセントが後ろに移ると有声化して、それぞれ /z/ と /gʒ/ となっている。

グリムの法則の応用——似て非なる語

さて、英語の have とラテン語の habere（持つ、所有する）は、意味も語形も類似している。have と habere は語中の子音が異なるが、/v/ と /b/ の混同は多くの言語で見られる（現代英語の have も古英語では habban という形であった）。さらに、両者は完了の助動詞としての用法も一致している。こうしたことから、英語の have とラテン語の habere が同語源であると考えてしまいそうだが、実は、この2つの動詞は縁もゆかりもない。

グリムの法則によると英語の h に対応するのは、ラテン語では c /k/ でなければならないので、ラテン語の habere は英語の have と同語源ではあり得ない。英語の have と語源を同じくするのは、ラテン語の capere であり、後者の完了分詞形に由来する captura がフランス語経由で

★column──グリム兄弟

グリム兄弟 ヤーコプ（右）とヴィルヘルム

　グリム兄弟の名は、一般には、『グリム童話』の編者として知られるが、本職は言語学者および民間伝承研究家であった。ヤーコプは、本文でも述べたように「グリムの法則」をはじめとして、印欧比較言語学・ゲルマン語学に多大な貢献をした。

　もう一つの大きな業績は、弟ヴィルヘルムとともに編纂した『ドイツ語辞典』である。1838年より着手し、生前には第1巻までしか刊行できなかったが、その後この事業は継承され、120余年後の1961年に完成した。全32巻（ほかに補遺1巻）からなるこの大辞典は『オックスフォード英語辞典』と並び称せられる。

　民間に伝承していた民話を集めて編纂するという仕事は、こうした言語学・民間伝承研究のいわば「副産物」ともいえる。『グリム童話』は、1812年に上梓され、第2版以降の改訂にはおもにヴィルヘルムが携わり、死の2年前の1857年に第7版が刊行された（なお、初版の挿絵はグリム兄弟の末弟ルートヴィヒによる）。

　改訂の過程で、編者によって原話にかなり手が加えられている。たとえば、「灰かぶり」（日本では「シンデレラ」として知られる）は、初版では、主人公の灰かぶり（シンデレラ）は、自分の置かれた惨めな境遇に疑問をもち、舞踏会にどうしたら行けるのか考えをめぐらす能動的な女性として描かれているが、第7版では不遇に甘んじる受動的な存在となっている。こうした変更について、近年、フェミニズム（feminism）の立場から批評が行われている。

英語に入り capture（捕獲；捕らえる）となったのである。

　英語の care（心配、世話）と cure（治療）も似て非なる語である。前者が本来語であるのに対して、後者はラテン語の cura（心配、治癒）に由来しフランス語を経由して英語に入ったものである。グリムの法則では、ラテン語の c /k/ は英語では h に対応していなければならず、語源的に cure を care と結び付けることはできない。しかし、もともと「悲しみ、気がかり」を意味した care が、medical care（医療）のように「世話、介護」の意味で用いられるようになったのは、語源的には無関係であるにもかかわらず、形態の似ている cure の影響があったからと考えられる。

第3章
◆
語彙の増大
The Growth of the English Vocabulary
◆

第2章では、英語のルーツをゲルマン基語、さらには印欧基語にまで遡って見てきたが、本章からはゲルマン民族がブリテン島に定住するようになった5世紀以降の英語の発達について見ていこう。

I　英語史の概要

英語史の区分

　英語はブリテン島に伝来して以降、時代を経るごとに、ドイツ語や北欧語などのほかのゲルマン語とは異なる独自の特徴を発達させていく。英語の歴史は一般に、古英語（Old English, 450-1100）、中英語（Middle English, 1100-1500）、近代英語（Modern English, 1500-）の3つの時期に分けられる（年代はおおよその区切りを示す）。近代英語はさらに、初期近代英語（Early Modern English, 1500-1700）、後期近代英語（Late Modern English, 1700-1900）、現代英語（Present-day English, 1900-）に分けられる。なお、古英語のはじまりはゲルマン人がブリテン島に渡来した5世紀半ばではなく、古英語で書かれた文献で今日残存する最も古いものの年代（700年頃）とする考えもある。

　参考までに、各時代を代表する文人や文学作品を挙げておこう。古英語の代表作品としては、ゲルマンの英雄ベーオウルフによる怪物・龍退治を描いた『ベーオウルフ』（*Beowulf*）がある。この英雄叙事詩は8世紀頃に作られ、作者不詳である。中英語期としては、「英詩の父」といわれるジェフリー・チョーサー（Geoffrey Chaucer, 1340?-1400）、初期近代英語期では、「万の心をもつ」（myriad-

第3章　語彙の増大

★column──『ベーオウルフ』

『ベーオウルフ』 大英図書館にある唯一現存する写本

英語で書かれた最古の韻文作品の一つ。2007年末に、映画『ベオウルフ─呪(のろ)われし勇者』（ロバート・ゼメキス監督）が日本でも公開され話題を呼んだ。ただし、話の筋は原作とかなり異なっている。

原作である英雄叙事詩は、3182行からなり、ベーオウルフというゲルマンの英雄の武勇伝である。『ベーオウルフ』の成立年代については、8世紀初頭と見なす説から、11世紀初めとする説まで諸説紛々である。しかし、文学史的観点などから見て、8世紀に作られたと考えるのが最も妥当と思われる。

作品の前半部は、スウェーデン南方にかつて住んでいたイェーアト族の勇士ベーオウルフが、デネの国、つまりデンマークに赴き怪物グレンデル（Grendel）を退治するという話であり、後半は、王となったベーオウルフが龍を退治したのち、自らも致命傷を受けて倒れるというものである。

なお、物語の舞台は英国ではなく、現在のデンマーク、スウェーデンなどの北欧であるが、5世紀頃からいわゆるゲルマン民族の大移動のなかで、デンマークや北ドイツ周辺からブリテン島へ移住して来たアングロサクソン人にとって、北欧の地はいわば故郷であった。

minded) といわれた劇作家・詩人ウィリアム・シェークスピア (William Shakespeare, 1564−1616) である。

語彙の変化

さて、『ベーオウルフ』とチョーサーの作品の英語を比べてみると、そこには明らかな違いが見られる。チョーサーとシェークスピアの間にも言語的差異が見て取れる。たとえば、『ベーオウルフ』では「人、人間」を意味する語として beorn, guma, man, rinc, secg, wer などが用いられているが、man 以外はチョーサーやシェークスピアでは見られない（ただし、現代英語では、guma は少し形を変えて bride*groom* 〈花婿〉、wer は *were*wolf 〈狼人間〉にかろうじて痕跡をとどめている）。一方、古英語には見られなかった person がチョーサーやシェークスピアでは用いられ、さらにシェークスピアは human も使っている。

家族関係を表わす語彙も英語では大きく変化している。father, mother, son, daughter, brother, sister は、若干の発音の変化とそれを反映した綴り字の変化は見られるものの、古英語以来変わっていない。だが、親子・兄弟姉妹以外の血族関係になると様相は一変する。たとえば、aunt, uncle, cousin は、チョーサーやシェークスピアの作品では見られるが、『ベーオウルフ』をはじめとする古英語の文献には見られない（チョーサーやシェークスピアは、cousin を「親類」という広い意味で用いている）。

興味深いことに、古英語では、「おじ」や「おば」を表わす際、ēam（母方のおじ）、fædera（父方のおじ）、mōdrige（母方のおば）、faþu（父方のおば）のように、母方と父方に

よって異なる形を用いた。「いとこ」を意味する場合も、中英語以降は cousin が用いられたが、古英語では「父方」か「母方」か、「従兄弟」か「従姉妹」かによって、fæderan sunu（父方の従兄弟）、mōdrigan sunu（母方の従兄弟）、mōdrige（母方の従姉妹；「母方のおば」も意味する）などの表現があった。

　一般に言語が大きく変化する場合は、何らかの社会的な要因による場合が多い。実際、英国の歴史を繙いてみても、英語史における2つの大きな分岐点—1100年頃と1500年頃—に社会的な大変動が起こっていることがわかる。

　まず、1100年頃英国で起こった重大な事件といえば、ノルマン征服（Norman Conquest）が思い浮かぶであろう。これは、1066年にフランスの北西部のノルマンディー公であったウィリアム（William, 1027-87）が、英国の王位継承権を主張しヘースティングズ（Hastings）において英国王ハロルド（Harold II, 1022？-66）を破り英国を征服し、王位に就いたものである。英国王となったウィリアム1世の母語はフランス語（ノルマンディー方言）であり、英国の支配階級の言葉は、その後しばらくフランス語となった。このことにより、中英語期には英語に大量のフランス語が流入し、英語はゲルマン的な色彩を弱めロマンス語化されることになる。先に触れた person, human や親族用語 aunt, uncle, cousin はいずれもフランス語からの借用語である。

　次に、1500年頃の英国の状況はどのようであっただろうか。まず挙げられるのが、文芸復興運動、つまりルネサンスである。英国にはイタリアなどよりは遅く、16世紀以降

波及した。ルネサンスは神中心の中世から人間中心の近代への大きな転換期となったが、人間中心の文化のモデルとしてギリシア・ラテンの古典文芸の研究が盛んになる。その影響で英語にもギリシア語やラテン語が数多く導入されることになった。

一方、1588年には英国はスペインの無敵艦隊（Invincible Armada）を破り、以降世界へと覇権を拡げていく。この結果、植民地化した世界各地の地域の物産とともにその言葉も取り入れていき、今日のような国際色豊かな語彙をもつ英語の礎を築くことになる。

文法の変化

古英語から現代英語にかけては、語彙面だけでなく文法面も大きな変化を示している。次章で詳しく見るが、たとえば、英語の代名詞は古英語と現代英語では著しく異なり、まるで別の言語ではないかと錯覚するほどである。

『ベーオウルフ』では3人称複数の代名詞として hīe（＝they, them）, hira（＝their）, him（＝them）が用いられていた。hīe は him と同様に 'them' を意味しうるが、前者は「彼らを」を表わす対格、後者は「彼らに」を表わす与格で用いられる。中英語期のチョーサーでは、主格では現代英語と同じ形 they が見られるようになったが、所有格（属格）では hire（＝their）、目的格（与格と対格を含む）では hem（＝them）のような古英語の形が残っていた。シェークスピアでは現代英語と同様に they, their, them となっているが、時折古英語の him（＝them）に由来する 'em という形も見られる。

古英語では、名詞、形容詞、動詞は文で果たす役割に応じて、語形変化をした。たとえば、現代英語では king という名詞は、語形変化をするのは所有格の king's、kings'、複数形 kings の場合だけであるが（ただし、いずれも発音は同じである）、king に対応する古英語の cyning は、複数の場合だけでなく、文中での文法的役割によって、cyninges, cyninge, cyningas, cyninga, cyningum のように形を変えていく。

また定冠詞も現代英語では the を覚えればよいが、古英語では冠詞（正確には指示代名詞）が修飾する名詞の文法性（現代ドイツ語と同様、男性・中性・女性の3性がある）、文中での役割、単数・複数によって、se, sēo, þæt, þæs, þǣre, þǣm, þone, þā, þȳ, þāra など10以上の異なる形をもっていた。古英語では、定冠詞の大多数は、þ（＝ th）ではじまっているので、少数派の se もそれに倣って þe（現代英語の the となる）という形で使われることが多くなった。

動詞も、時制（過去・現在）、法（直説法・仮定法・命令法）、主語の人称・数によって縦横無尽に姿を変える。

一方、こうした複雑な語形変化の利点として、文中の語の役割は語尾によってある程度わかるため、語順に関する規制が比較的緩い。たとえば、

Se fēond drep þone cyning sweorde.
（敵は王を刀で打った）

という文では、冠詞の形（se は主格、þone は対格）を見れ

ば、se をともなった fēond（敵）が主語で、þone の付いた cyning（王）が対格目的語であり、与格語尾の -e が付いている sweorde（刀）は手段・道具を表わしていることがわかる。したがって、かりに、

þone cyning se fēond drep sweorde.

のように語順を入れ替えたとしても混乱は生じない。

一方、複雑な語形変化が中英語期以降急速に単純化されていくと、語形で主語や目的語などを区別することが難しくなる。前述の古英語の2つの例文をそれぞれ現代英語に直訳してみよう。

The enemy struck the king sword.（＝Se fēond drep þone cyning sweorde.）
The king the enemy struck sword.（＝Þone cyning se fēond drep sweorde.）

最初の文では、sword の前に、「手段・道具」を表わす前置詞を入れて The enemy struck the king with a sword とすれば、古英語文の意味を正しく伝えることができる。一方、2つ目の文では、the enemy が主語、the king が目的語であることを示す語形上の手がかりはどこにもないため、古英語文のように、一義的に「敵は王を刀で打った」というように解釈することは難しい。

そのため、語形変化の単純化とともに英語では、「主語」や「目的語」といった文法関係を語形変化でなく、

第3章 語彙の増大

「動詞（V）の前に来るのが主語（S）」、「動詞の後が目的語（O）」といったように語順で表わすようになった。言い換えれば、英語では、語形変化の消失の代償として、語順がいわゆる SVO に固定化されていく傾向が強まり、さらに文法関係を明示する前置詞などが発達していくことになる。

動詞の活用変化が活発な古英語では、動詞の語尾によって主語がある程度予測可能なので、主語代名詞の省略もしばしば起こる。次の例は、『ベーオウルフ』（115−119行）からの引用であるが、怪物グレンデルが宴会後に館を襲う場面である。

Gewāt ðā nēosian, syþðan niht becōm,
hēan hūses...
……………………………………………
Fand þā ðǣr inne æþelinga gedriht
swefan æfter symble

夜がやって来ると、（グレンデルは）高くそびえる
館をめざして出発した。〈中略〉
（グレンデルは）その（館）の中で、
宴を終えて家臣たちが寝ているのを見つけた。

上の文では、動詞 gewāt（出発した）と fand（見つけた）の主語があらわれていないが、動詞の形から主語が単数であり、文脈からグレンデルが主語であることがわかる。しかし、英語における動詞語尾の簡略化とともに、動詞の形から主語を予測することが難しくなり、主語代名詞を明示することがしだいに義務化されていった。現代英語では、

45

It rains. のように意味上主語がない場合でも、形式的に主語を置かなければならない。

表は、英語の各時期における言語的特徴をまとめたものである。

各時期の言語的特徴

	語彙	文法
古英語	借用語少ない	豊かな語形変化 語順自由 代名詞の省略可能
中英語	フランス借用語の増大	語形変化単純化 語順の固定化 代名詞の明示化
近代・現代英語	ラテン・ギリシア借用語の増大 世界各国語からの借用語	語形変化消失 語順の固定化 代名詞の明示化

英語にはなぜ類義語が多いのか

英語にある程度習熟した人なら、英語には類義語（synonym）つまり、ほぼ同じ意味を表わす語が多く存在することに気付くだろう。たとえば、「敵」を意味する英語としては enemy のほかに foe や adversary があり、「十分な」を表わす形容詞としては enough, ample, sufficient などが挙げられる。また、動詞の ask, question, inquire, interrogate はいずれも「尋ねる、質問する」という意味をもつ。

これらの語を辞書で調べてみると、foe は古英語から伝

わる語であるのに対して enemy と adversary のほうは中英語期にフランス語（当時のフランス語は古フランス語と呼ばれる）から借用されたことがわかる。同様に enough, ask は英語にもともとあった語であるが、ample, question, inquire はフランス語、sufficient, interrogate はラテン語に由来する（sufficient はフランス語経由で入ってきた可能性もある）。

このように英語では、ある意味を表わすのに「本来語」と並んでフランス語、ラテン語などからの「借用語」が併存していることが多い。これはノルマン征服以降の大量のフランス語の流入、16-17世紀のルネサンスの影響下でのラテン語からの借用の増大という歴史の所産である。

類義語

英語本来語	フランス語・ラテン語からの借用語
ask	inquire (F), question (F), interrogate (L)
begin	commence (F), initiate (L)
choose	opt (F), select (L)
enough	ample (F), sufficient (F or L)
foe	adversary (F), enemy (F)
food	nourishment (F), sustenance (F), nutriment (L)
forgive	excuse (F), pardon (F)
help	aid (F), assist (F)
mild	gentle (F), tender (F), tranquil (L)
top	summit (F), apex (L)

F, L はそれぞれフランス語、ラテン語からの借用語を示す

本来語とフランス・ラテン借用語の使い分け

以上のことを念頭に、次の文を比べてみよう。

The fight was brought to an end.
The conflict was terminated.

2つの文は「争いが終わった」を意味し、ほぼ同義であるといえる。だが、何らかのニュアンスの違いは感じられないだろうか。多くの読者は、たとえ英語のネイティヴ・スピーカーでなくても、「具体的で、直接感情に訴えかける」最初の文に対して、2番目の文については「抽象的で、堅苦しく、よそよそしい」といった印象を受けるだろう。

この違いはどこからきているのだろうか。それぞれの文に使われている語の由来を調べてみると、最初の文ではすべて本来語が使われている。一方、2つ目の文では定冠詞の the と be 動詞の was を除いては外来語である（conflict と terminate はともにラテン語から）。

ちなみに、上の2文を和訳すると、The fight was brought to an end. は、和語を用いて「争いが終わった」、The conflict was terminated. は漢語を用いて「紛争が終結した」とすると、おおよそ英語と似たニュアンスの違いを出すことができる。

英語は、このように本来語と借用語を使い分けることによって文体における微妙な差異を出すことが可能である。そうした効果的な使い分けを示す例をもう一つ挙げてみよう。

第 3 章　語彙の増大

We shall fight on the beaches,
we shall fight on the landing grounds,
we shall fight in the fields and in the streets,
we shall fight in the hills;
we shall never surrender.

われわれは海辺で戦う。
われわれは上陸地で戦う。
われわれは野で、街頭で戦う。
われわれは丘で戦う。
われわれは決して降参しない。

　これは英国首相であったウィンストン・チャーチル (Winston Churchill, 1874-1965) が第 2 次世界大戦中の 1940 年 6 月 4 日に、下院で行った演説の一部である。英国軍がナチス・ドイツに敗れ、フランス北部のダンケルクから撤退したという危機的状況のなか、徹底抗戦しようという強い意志が込められたスピーチで、非常に訴える力をもっている。
　演説に用いられている語を調べてみると surrender (フランス語からの借用) を除くとすべて本来語である (なお、street はもともとラテン語起源であるが、アングル人などがヨーロッパ大陸にいた時代にすでに借用されたものなので、事実上本来語といえる)。
　もし、チャーチルが、フランス語やラテン語由来の外来語 (イタリック体にしてある) を用いて、

We shall *resist* on the *coasts*,

we shall *resist* on the *disembarking areas*,
we shall *resist* in the *cultivated expanses* and in the *avenues*,
we shall *resist* in the *mountains*;
we shall never *surrender*.

と述べていたら、英国民にどれだけ彼の強い意志が伝わったであろうか。

II 古英語期──派生と複合による新語形成

以下では、英語が過去1500年の間にどのように変化してきたのか、おもに語彙に焦点を当て詳しく見ていく。なお、綴り字・発音・文法の変化については次章で扱う。まずは古英語から話をはじめるが、その前に背景となる英国の歴史・社会状況について簡単に紹介しよう。

英語の歴史は5世紀半ば以降、アングル人などのゲルマン民族がブリテン島に定住したことにはじまるが、すでに述べたように、この島には紀元前1000年頃からケルト系の人びとが住みついていた。

紀元前55年から紀元前54年にかけてローマのユリウス・カエサル(《Gaius》Julius Caesar, 100-44BC)が2回にわたってブリテン島に侵攻したが、この試みは失敗に終わる。だが、紀元後43年にローマ皇帝クラウディウス(Claudius I, 10BC-AD54)によってブリテン島は征服される。これ以降、先住のケルト民族もローマの影響を受けることになる。しかし、5世紀初めになると、ローマ帝国は大陸でゲルマン民族の侵入を受け、本国イタリアの防御のためブリテン

島を放棄する。

一方、ローマ人が去ったあと、ケルト系のブリトン人は、ローマ支配の時代から悩まされていたブリテン島北方の民族（ケルト系のピクト人とスコット人）による侵攻を受けることになる。なお、英国北部にあり約117キロにも及ぶ有名なハドリアヌスの防壁 (Hadrian's Wall) は、ローマのハドリアヌス皇帝 (Publius Aelius Hadrianus, 76-138) の時代にこれらの北方民族の侵攻を防ぐ目的で築かれたものである。

七王国とキリスト教伝来

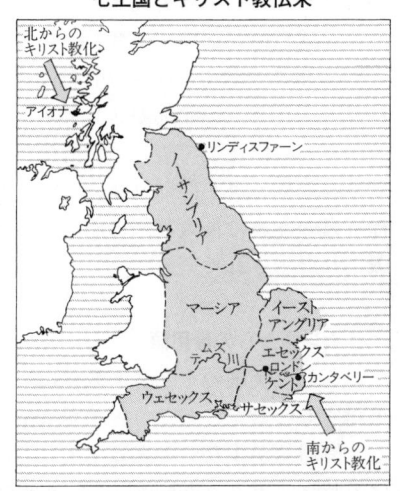

（地図：北からのキリスト教化、アイオナ、リンディスファーン、ノーサンブリア、マーシア、イースト・アングリア、テムズ川、エセックス、ロンドン、ケント、カンタベリー、ウェセックス、サセックス、南からのキリスト教化）

さて、ブリテン島に渡来したアングル人、サクソン人、ジュート人、フリジア人はその後繁栄を極め、いわゆる七王国時代 (Heptarchy) を築く。

6世紀の末には教皇グレゴリウス (Gregory I, 540?-604) の命により、聖アウグスティヌス (Saint Augustine, ?-604, 初代カンタベリー大司教) が七王国の一つである英国南東部ケント王国に遣わされ、キリスト教の布教がはじまる。

ブリテン島では、これに先んじて6世紀半ばに聖コルンバ (Saint Columba, 521?-597) が、スコットランド西岸

沖のアイオナ島に修道院を建立し、そこを拠点に北部のノーサンブリアへの布教をはじめ、700年前後にはイングランド北部のリンディスファーン修道院で美しい装飾の施された福音書が作られた。この福音書の写本は、大英図書館に所蔵され展示されている。

『リンディスファーン福音書』
マタイ伝

ラテン語からの借用語

こうした英国のキリスト教化は英語にも影響を与えた。古英語は中英語、近代英語と比べると借用語が少ないことはすでに指摘したが、キリスト教は当時ウルガタ（Vulgata）というラテン語聖書を通して布教されたので、キリスト教化によって教会関係の語彙を中心にラテン語が借用されることになった。

たとえば、angel（天使）、candle（ろうそく）、monk（修道士）、pope（ローマ教皇）、priest（聖職者）は古英語期にラテン語から英語に入ってきたキリスト教会用語である。また、ラテン語からの直接の借用でなくてもその影響を受けた英語表現もある。「聖霊」を意味するやや古めかしい英語は Holy Ghost であるが、これはラテン語の Sanctus Spiritus（聖なる霊）を英語に本来ある語で直訳したもので、「翻訳借用」（loan translation）という。なお、ghost という言葉はもともと「魂、霊魂」を意味したが、14世紀末から「亡霊、幽霊」の意味で使われるようになったので、「聖霊」を意味する場合、現在では普通 Holy Spirit を用いる。

一方、Easter（復活祭；キリストの復活を祝う祭日）は本来語で、もともとゲルマン民族に伝わる春の女神 Eostre の祝祭をさしたが、キリスト教の影響下、ラテン語の Pascha（復活祭）から意味だけ借りたものである。こうした現象を「意味借用」（semantic borrowing）という。

古英語に見られたラテン借用語はキリスト教会用語以外にもある。アングル人などはヨーロッパ大陸にいたときにすでにローマ文化と接触をもっており、大陸時代に butter, cheese, mile, street, wall, wine などをラテン語から取り入れている。さらに、ブリテン島移住以降もすでにそこでローマの影響を受けていたケルト系の人びとから間接的にラテン語を借用している。たとえば、Chester, Manchester, Winchester, Lancaster, Worcester など現代の英国の地名に見られる (-)chester, -caster, -cester は、ラテン語の castra（城砦に囲まれた町）に由来する。

ケルト語からの借用語

英国の地名は先住のケルト人に由来するものも少なくない。たとえば、首都 London はケルト系の人名または部族名 Londinos（原義「剛勇の者」）にちなむ。London Bridge が架かる Thames（テムズ川）はケルト語で「薄黒い川」を意味する。また、シェークスピアの生地ストラトフォードを流れる Avon（エイヴォン川）は、やはりケルト語で「川」を意味する。

ただし、ケルト語から英語への借用はおもに地名にとどまりほかの領域ではあまり見られない。これはイングランド外辺に追いやられたケルト民族とゲルマン民族の接触が

限定的であったことを示している。日本でも、「札幌」、「苫小牧(とまこまい)」、「稚内(わっかない)」などの北海道の地名や「十和田」、「安比(あっぴ)」など東北の地名は、先住民族の言語であるアイヌ語に由来するものが多い。なお、「札幌」の語源については、アイヌ語の「サッ・ポロ」(乾いた・大きい)に由来し、「乾いた広大な川」とする説などがある。

北欧語からの借用語

ブリテン島に渡来したアングル人、サクソン人、ジュート人、フリジア人は七王国を築き繁栄したが、その栄華は長くは続かなかった。侵入者であったゲルマン民族は、8世紀末以降、北欧からデーン人の侵入に悩まされたからだ。ヴァイキング(Viking)とも呼ばれたこうした北欧人は、デンマークから来たデーン人のほかにノルウェー人も含み、リンディスファーンをはじめとする修道院や町を襲い略奪行為を働いたが、9世紀半ば以降、英国の北部、東部、北西部に定住する者もあらわれた。

七王国の一つウェセックスのアルフレッド大王(Alfred the Great, 849-899)は878年にデーン人と条約を結び、ロンドンからチェスター方向へ延びる線の東北側をデーン人の法で統治できる地域、つまりデーンロー(Danelaw)として認めた。これによって、一時的には、さらなるデーン人の進出を抑えることはできたが、1016年にはデーン人のクヌート(Canute, 994?-1035)が英国王になるという事態が起こった。

ヴァイキング時代と呼ばれる8世紀から11世紀半ばまでの間に、英語は北欧語の影響を強く受ける。当時の北欧語

は古ノルド語と呼ばれ、デンマーク語、スウェーデン語、ノルウェー語、アイスランド語といった現代の北欧諸語の祖先にあたる。

ヴァイキングの侵入と定着

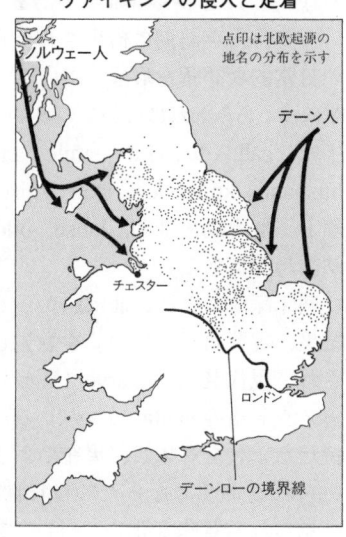

点印は北欧起源の地名の分布を示す

ノルウェー人
デーン人
チェスター
ロンドン
デーンローの境界線

まず語彙面では北欧語の影響は、地名で見て取れる。英国の地図を見ると、かつてデーンローであった地域にDerby, Rugby, Whitbyなどの-byが付く地名が600ヵ所以上ある。また、Althorp, Bishopsthorpeなど-thorp(e)の付く地名が約300ヵ所ある。こうした地名に見られる-byや-thorp(e)はそれぞれ北欧語で「町」や「村」を意味する。

北欧語の要素は、名字にも見られる。Anderson, Johnson, Stevensonの-sonは、-senを用いた北欧の命名法に倣ったものである。したがって、英語名Anderson（原義「アンドリューの息子」）は北欧人名のAndersen（アンデルセン）に対応する。このような命名法を「父称」(patronymic)というが、英語では本来の-ing (Browning；原義「ブラウンの息子」)のほかに、ケルト系のMac- (Macdonald, McDonald 原義「ドナルドの息子」)やO' (O'Brien；原義「ブライアンの息子」)、フランス系のFitz- (Fitzgerald；原義「ジェラルド

の息子」）など多くの種類がある。

　一方、古英語期に借用された北欧語の多くは、現代英語の日常的な語彙を形成している（ただし、実際に北欧語が文献に多くあらわれはじめるのは中英語初期からである）。動詞では、call, die, hit, smile, take, want など、名詞では husband, knife, leg, skin, skirt, sky, Thursday, window など、形容詞では ill, loose, odd, weak, wrong などが北欧語起源である。

　興味深いことに、北欧語から die という動詞を借用した結果、古英語で「死ぬ」を意味した steorfan の意味は限定され、現代英語の starve（餓死する）となった。want は、古ノルド語の vanta（欠いている）に倣い、最初は「欠く、持たない」を意味し、現在のように「欲する」の意味で用いられるようになったのは18世紀初めからである。want に見られる意味変化は、「持っていないと欲しくなる」と

★column──英語と北欧語のクレオール

古英語期における北欧語との密接な言語接触は、英語の語彙をかなりの程度北欧化しただけでなく、英語の文法面にも影響を与えた。古英語では名詞、形容詞、動詞などがその文法的役割に応じてさまざまに語尾を変化させたが、中英語になると急速にそうした語形変化が単純化されていく。興味深いことに、そうした語形の単純化は、北欧人が住み着いたとされる英国の北部および中東部からはじまっている。

　英語と北欧語は同じゲルマン系の言語であり、多くの語で形が似ている。たとえば、古英語の動詞 giefan（＝現代英語 give）は、giefe（直説法1人称現在単数）、giefest（直説法2人称現在単数）、

いうわれわれ人間の性(さが)を反映している。

　また、skirt は古ノルド語の skyrta に由来し、英語にももともとあった shirt（シャツ）と同語源である。skyrta は北欧人が昔着ていた「裾(すそ)の長いシャツ」をさし、これがズボンの上まで垂れ下がっていたので「スカート」の意味が生じた。このように本来は語源が同じであるが、語形と意味が異なる一組の語を「二重語」（doublet）という。

　さらには、英語と北欧語の間には意味借用も見られる。英語の dream は古英語では「喜び」を意味したが、現在のように「夢」を意味するようになったのは古ノルド語の draumr（夢）の影響が考えられる。

　北欧語の影響は、代名詞、接続詞といった文法要素にまで及んでいる。すでに述べたように、古英語の3人称複数の代名詞は hīe, hira, him であったが、それが古ノルド語に由来する they, their, them に置き換わった。前置詞・

---

giefeð（直説法3人称現在単数）のように活用するが、対応する古ノルド語の動詞形は gef（直説法1人称現在単数）、gefr（直説法2人称現在単数）、gefr（直説法3人称現在単数）で、おもな違いは語尾の部分である。

　おそらく英国人と北欧人との接触で、語の中核部分（語幹）だけでもある程度意味を伝えることはできるため、語尾の部分を簡略化させたとしても不思議ではない。こうした語尾の単純化は、現代でもカリブ海地域、西・南アフリカ、西太平洋地域などでヨーロッパ言語と地元の言語の混成言語であるクレオール（Creole）にも見られることから、英国でも8世紀末から11世紀半ばにかけて、英語と古ノルド語が混成して一種のクレオールが生まれたという説が近年唱えられている。

接続詞の till も北欧語起源である。

こうしたいわゆる文法語が外国語から借用されるのは非常にまれなケースである。英語であふれる現在の日本語でも he や she が「彼」、「彼女」に取って代わる事態はおそらく起こらないであろう。このことは、ヴァイキング時代のブリテン島で英国人と北欧人が日常的に密接な交流をしていたことを示している。

派生語と複合語

古英語ではラテン語や北欧の古ノルド語からの借用語は見られたが、中英語や近代英語と比べると外来語への依存度は低い。新たな概念・事物に対応して語彙を増やす必要が生じたとき、古英語期はどのように対処したのだろうか。

古英語では一般に借用語に頼らず自前の素材、つまり英語にもともとあった語などを組み合わせることで新語を形成した。古英語における新語の形成には大きく分けて二通りの方法があった。

一つは、接辞（語とは違ってそれ自体、単独では用いられない要素）を語に付けて新たな語を造る方法であり、「派生」（derivation）と呼ばれる。現代英語の動詞 get に対応する古英語は gietan であるが、be-, for-, ofer-（＝over）, on-, under- などの接頭辞を付けることで begietan（得る）、forgietan（忘れる）、ofergietan（怠る）、ongietan（つかむ、把握する）、undergietan（理解する）など意味の異なる動詞を形成することができる。また、古英語の名詞 heofon（現代英語の heaven に対応）は、接尾辞を付けることで、heofon-cund, heofon-cund-lic, heofon-līc(e), heofon-isc の

第3章　語彙の増大

ような「天の、天から(の)」を意味するさまざまな形容詞・副詞が生み出される。

もう一つの新語形成の方法は、語と語を結び付けて別の語を造り出すもので、「複合」または「合成」(compounding) と呼ばれる。古英語の heofon は接辞と結び付いて、いくつかの派生語を生み出すだけでなく、別の語と結合して heofon-beorht（天のように輝いた）、heofon-drēam（天上の喜び）、heofon-engel（天使）、heofon-steorra（天の星）など多くの複合語を造り出す。heofon はこのほかにも、heofon-candel（天のろうそく＝太陽・月・星）、heofon-cyning（天の王＝神）、heofon-duguð（天の軍勢＝天使）、heofon-weard（天の守り手＝神）のような複合語を造り出すが、このように隠喩をともなった複合語をとくに「ケニング」(kenning) という。こうした比喩表現は詩で好まれた。ここで頭の体操をかねて、コラム（60ページ参照）に挙げたケニングが何をさしているのか謎解きをしていただきたい。

さて、古英語で隆盛を誇った複合語も、その多くが現代英語まで伝わらず廃語になってしまった。たとえば、「ランプ」を表わすのに古英語では lēoht-fæt（光の器）という複合語が使われたが、中英語期にフランス語から lamp が入ってくると、この語は廃れてしまった。また、古英語の tungol-cræft（天体学；天文学と占星術の両方を含む）は、中英語期にフランス語から借用された astronomy（天文学）や astrology（占星術）によって取って代わられた。なお、この両語は、ギリシア語まで遡れるが、ラテン語とフランス語を経由して英語に借用されたものである。

古英語で用いられていた複合語が現代英語まで伝わっている場合でも、綴りや発音の変化によって複合語の痕跡をとどめていないこともある。「ヒナギク」は現代英語でdaisyというが、古英語ではdæges-ēageという複合語であった。dæges-ēageは現代英語で言い換えるとday's eye（日・昼の眼＝太陽）であり、ヒナギクの花が朝開いて夕方しぼむことや花の形が太陽に似ているのにちなむ。

★column──古英語のなぞなぞ

　以下の古英語の表現（ケニング）が何をさしているのか、謎解きをしてください。たとえば、hron-rād（鯨の路）は「海」を意味します。

(1) feorh-hūs（命の家）
(2) hēafod-gimm（頭の宝石）
(3) beadu-lēoma（戦の光）
(4) gūð-wine（戦の友）
(5) hilde-scūr（戦のにわか雨）
(6) sǣ-wudu（海に浮かぶ木）
(7) mere-hengest（海の馬）
(8) gold-giefa（黄金を与えるもの）
(9) gamen-wudu（喜びの木）
(10) wǣg-fæt（〈雨〉水の器）

答：(1)（命の宿る）身体、(2)（頭部にある宝石のように光る）眼、(3)（戦できらめく）剣、(4)（戦士が戦に友として携えていく）剣・武器、(5)（戦場でにわか雨のように降り注ぐ）矢・槍、(6)（海に浮かぶ木製の）船、(7)（海において馬のように人びとを運ぶ）船、(8)（金・宝物を褒美として与える）主君・王、(9)（宴で人を楽しませる木製の）ハープ、(10)（雨水を蓄える）雨雲

また、現代英語の lord（支配者、主人）は古英語では hlāford であり、これはもともと hlāf-weard（パンを守る者＝一家の主人）という複合語に由来する。なお、hlāf は現代英語の loaf（パンの一塊）に発達した。同様に、lady という言葉も、古英語では hlæfdige であり、本来の形は hlāf-dige で原義は「パンをこねる者」である。

　このように、一般に複合語は時とともにそれを構成する個々の要素の意味が失われ、1語のようになっていく傾向が見られる。日本語でも、「耕す」や「蛤」は本来それぞれ「田＋返す」（田を掘り返す）や「浜＋栗」という複合語に由来するが、現代の日本語話者のなかでこうした語源を意識する人は少ないであろう。

III　中英語期——大量のフランス語流入

　1016年にデーン人のクヌートが英国の王位に就いたことはすでに触れたが、1042年にエドワード王（Edward, 1003?–66）が王位を北欧人より英国人に奪還した（エドワード王はウェストミンスター寺院を建立し、熱心なキリスト教徒として晩年を祈りに捧げたため、証聖王〈the Confessor〉と呼ばれる）。しかし、それもつかの間、アングロサクソン系の王朝が再び途絶えることになる。

　1066年エドワード王が亡くなると、ハロルド2世が王位に就くが、エドワード王の母と血縁関係にあり、フランス北西部のノルマンディーの公爵であったウィリアムも王位を主張する。そして、有名なヘースティングズの戦いでハロルドを破り、英国王ウィリアム1世として即位した。こ

れが先述したように ノルマン征服と呼ばれる事件で、その様子はフランス北西部の町バイユー (Bayeux) にある絵巻物風の刺繍壁掛けに描かれている。

バイユーのタペストリー(部分) 11-12世紀頃に制作され、大きさは長さ約70m、幅約50cm. 右端が王位に就いたハロルド

そして、この一大事件によって、その後、約200年間は征服者の言語であるフランス語が宮廷、議会、法廷などで用いられることになり、英語は表舞台からしばらくの間、姿を消すことになる。

ノルマン・フレンチとセントラル・フレンチ

さて、ウィリアム1世の話していたフランス語はノルマンディー方言(ノルマン・フレンチ〈Norman French〉)であり、中英語初期、英語に入ってきたフランス語はおもにこの方言であった。

1154年にヘンリー2世 (Henry II, 1133-89) が即位しノルマン朝からプランタジネット朝に移行するが、この王は、フランス国王を凌ぐほどの広大な領地をフランスに持っていたので、以降はパリのフランス語(セントラル・フレンチ〈Central French〉)が英語に影響を与えることになる。

ノルマン・フレンチとセントラル・フレンチは、しばし

ば同じ語でも発音と綴りが異なることがあったため、この2つの方言から同語源の語が異なる形で英語に借用されていることがある。たとえば、catchはノルマン・フレンチから入り、chaseはセントラル・フレンチから借用されたが、いずれも同じラテン語captareに由来する。つまり、catchとchaseは語源を同じくするが、形と意味が異なる二重語の例となる。両者の意味の関連―「追いかけて(chase)、捕まえる(catch)」―は容易に見て取れるであろう。

フランス語からの多様な借用語

中英語の間にフランス語から借用された語の数は、約1万ともいわれ、そのうち約7500語が現代英語に伝わっている。

フランス借用語は多岐にわたる分野に及ぶ。政治・法律・経済の分野では、bill（法案）、parliament（議会）、judge（裁判官）、money（金銭）、rent（地代）がフランス語からの借用である。貴族の位を表わす語に関しても、duke（公爵）、viscount（子爵）、baron（男爵）やその夫人の爵位名はフランス語系である。marquess（侯爵）もフランス語に由来するが、「侯爵夫人」を意味するmarchionessは16世紀にラテン語から借用された。「伯爵」と「ナイト爵」については、本来語（それぞれearlとknight）があてられたが、countess（伯爵夫人）はフランス語に由来する（「ナイト爵夫人」を表わす語はない）。

宗教関係の用語は、古英語と同様ラテン語からの借用が多いが、clergy（聖職者）、pastor（牧師）、religion（宗教）、sermon（説教）、theology（神学）などはフランス語に由来

貴族の爵位

爵位	夫人
duke	duchess
marquess	(marchioness)
earl	countess
viscount	viscountess
baron	baroness
knight	

フランス借用語は網掛け

する。軍事用語も army（軍隊）、battle（戦闘）、defense（防御）、soldier（兵士）、standard（軍旗）、war（戦争）などフランス語に負うところが多い。

衣装・アクセサリー関係でも、apparel（服装）、coat（外套）、fashion（流行）、gown（ガウン）、robe（ローブ）、diamond（ダイヤモンド）、jewel（宝石）、ornament（装飾品）、pearl（真珠）など多くのフランス語を取り入れている。

料理・食物関連の語彙もフランスの影響が強く見られる。調理用語 boil（煮る）、broil（あぶる）、fry（油で揚げる）、roast（焼く）はフランス語からの借用である。野菜の cabbage（キャベツ）、lettuce（レタス）、onion（タマネギ）や果物の cherry（サクランボ）、grape（ブドウ）、peach（もも）もすべてフランス語から入ったものである。

なお、cherry は、ノルマン・フレンチでは cherise（現代フランス語では cerise）であったが、語末の -se を誤って複数語尾と解して、それを取り除いたために生じた語形で

ある。このような造語法は、単数形に複数語尾を付けて複数形を派生させる通常の語形成と逆になっているので、「逆成」(back-formation) と呼ばれる。野菜の pea (エンドウ) も逆成の例である。この語は古英語の pise に由来するが、語末の -se が複数語尾と誤解されて落ちた。現代英語で古風な言い方として残る pease (エンドウ) は古英語の pise の「正統な」末裔である。

本来語と借用語との関係で興味深いのは、食肉とそれに対応する動物・家畜名である。beef (牛肉)、mutton (羊肉)、veal (子牛肉)、pork (豚肉)、bacon (ベーコン；豚の胴肉の燻製)、venison (鹿肉) はフランス語に由来する。一方、ox (雄牛)、sheep (羊)、calf (子牛)、swine (豚)、deer (鹿) は古英語から伝わる本来語である (なお、pig は古英語期には見られない)。

食肉と動物・家畜名

食肉	動物・家畜
beef	ox
mutton	sheep
veal	calf
pork	swine, (pig)
bacon	swine, (pig)
venison	deer

フランス借用語は網掛け

これと似た傾向を示すものは、素材・製品とそれを用いる (または造る) 職人名である。

職人名と素材・製品

職人名	素材・製品
carpenter（大工）	wood（木材）
mason（石工）	stone（石）
tailor（仕立屋）	cloth（布）
fletcher（矢羽職人）	arrow（矢）
barber（床屋）	hair（頭髪）
butcher（肉屋）	meat（食肉）

フランス借用語は網掛け

　数は多くないが、日常語もフランス語から借用されている。

　親族名称では、すでに触れた uncle（おじ）、aunt（おば）、cousin（いとこ）以外にも、parent（親）、nephew（おい）、niece（めい）がフランス語からの輸入である。grandfather（祖父）、grandmother（祖母）は、英語本来の father や mother にフランス語の grand を付けたもので、語源の異なる語を組み合わせた「混種語」（hybrid）である。身体を表わす語は本来語が多いが、face はフランス語からの借用である。なおフランス語では「顔」を表わす場合、現在では、face が廃れ visage が用いられている。

フランス借用語の英語化

　中英語期には、フランス出身の支配者層の影響で大量のフランス語が取り入れられたが、フランス語をそのままの形ではなく、いわば英語風に加工して借用することもあった。

英語の動詞 engage（従事させる）は中英語期に古フランス語 engagier（現代フランス語では engager）を取り入れたものだが、フランス語の動詞語尾 -(i)er を取り除いている。ところで、finish（終える）は古フランス語の fenir（現代フランス語の finir）からの借用だが、動詞語尾 -ir を除いても finish とはならない。finish という形はどこからきたのであろうか。まずは、現代フランス語の finir の（直説法現在）活用を見てみよう（語幹と語尾の間にハイフンが入れてある）。

     単数
1人称 je fini-s 'I finish'
2人称 tu fini-s 'you finish'
3人称 il fini-t 'he/she finishes'
     複数
1人称 nous finiss-ons 'we finish'
2人称 vous finiss-ez 'you finish'
3人称 ils finiss-ent 'they finish'

活用表からわかるように、複数では、いずれも finiss- という語幹があらわれており、英語はこの語幹に基づいて借用している。フランス語の /s/ は英語ではしばしば /ʃ/ となる（類例として、英語の push とその借用源であるフランス語 pousser〈押す〉を参照のこと）。

一方、前に引用したチャーチルのスピーチに出てきた surrender（降伏する）はフランス語の動詞語尾 -er を付けたままでの借用である。ところで、dinner（〈1日のうちの

主要な〉食事）の語末の -er も本来フランス語の動詞語尾であった。これは dinner がフランス語の動詞 diner の不定詞の名詞用法に由来するためである。

フランス語からの借用は接辞にも及んでいる。否定を表わす接頭辞としては、古英語以来 un- が広く用いられているが、中英語期にフランス語またはラテン語から indirect（間接の）、informal（略式の）、impatience（短気）、irregular（不規則の）、illiterate（読み書きのできない）などの借用語とともに in- という否定の接頭辞が導入された（in- は次の語が p, r, l ではじまる場合はそれに同化してそれぞれ im-, ir-, il- になる）。

in- はフランス語やラテン語起源の語と結び付くことが多いのに対して、古英語以来の un- は本来語と結び付くことが多いが、unjust（不正な）、unreasonable（理性を欠いた、不合理な）などのようにフランス語・ラテン語と結び付き混種語を形成する例も少なくない。

フランス語の影響は、個々の語にとどまらず語句・連語のレベルでも見られる。make a request（要請する）という動詞句では make と不定冠詞 a は本来語であるが、この表現は古フランス語の慣用表現 faire une requeste をなぞったものである。同様に、without fail（必ず、間違いなく）では without は本来語であるが、古フランス語の sans faille を模したものである。

フランス借用語と本来語の競合

中英語期におけるフランス語の借用は、英語本来の語彙にも大きな影響を与えた。なにより、フランス語の導入に

よって多くの本来語が廃語に追い込まれた。

すでに見たように、英語は parent, uncle, aunt, nephew, niece, cousin などの親族用語をフランス語に負っているが、これにより古英語期にあった「親」、「おじ」、「おば」、「おい」、「めい」、「いとこ」を表わす語は死語となった。また、フランス語借用ののちに、競合を避けるために本来語が意味を変えて存続していることもある。

古英語では、「動物、獣」を表わす語としては dēor (現代英語の deer) という語が用いられたが、中英語期にフランス語から beast という言葉が入ると、意味が狭まり、「鹿」だけをさす語となった。なお、中英語期にはさらに「動物」を表わす語として animal がフランス語(またはラテン語)から借用されたが、現在では animal が「動物一般」の意味を担い、beast はおもに「獣」に限定されている。

ラテン語からの借用語

さて、中英語ではフランス語ほどではないが、ラテン語からの借用語も少なくない。その多くは、書き言葉を通しての導入であった。とくに英国の宗教改革者ジョン・ウィクリフ (John Wycliffe, 1330?–84) やその弟子たちによる英訳聖書には、原典であるラテン語聖書から借用した1000以上の新たなラテン語彙が見られる。現代英語の actor (役者、男優) も、ウィクリフの聖書に最初の例が見られる。ただ、そこでは「管理人」を意味した。「役者、男優」という語義は16世紀末以降のものである。

初例がウィクリフ聖書に見られるものは、ほかに

ambitious（切望して）、ceremony（宗教的儀式）、exclude（除外する）、explanation（説明）、incarnate（肉体をもつ）、interrupt（妨げる）、juniper（レダマの木）、quiet（動かないでいる、騒ぎのない）、testimony（モーセの十戒）、tradition（《廃義》口頭で伝えられた規則）である。これらの語はその後英語に定着し現代英語にも伝わっている。なお tradition が「伝統」の意で用いられるようになるのは16世紀以降である。

中英語期にラテン語から借用された語で、現代英語に伝わるものは、adjacent（隣接の）、custody（保護、拘留）、limbo（リンボ、監獄）、lucrative（金になる）、prosecute（遂行する、起訴する）、remit（罪などを許す）、reprehend（とがめる）、scripture（聖書）、testify（証言する）、ulcer（潰瘍(かいよう)）など、もともと法律・宗教・医学などの分野の専門用語であったものが目立つ。contempt（軽蔑(けいべつ)）、include（含む）、inferior（下の、劣った）、picture（絵画）、polite（礼儀正しい）などもこの時期に英語に入ったラテン語であるが、これらは、現代でも日常比較的よく耳にする語である。

polite は14世紀末にラテン語より借用されたが、その当時の意味は「磨かれた」であった。その後「洗練された」を経て、「礼儀正しい」を意味するようになったのは18世紀半ば以降である。ちなみに、polite は14世紀にフランス語より借用された polish（磨く）と同語源である。

借用のマイナス面

英語は、中英語期に数多くのフランス語やラテン語を借用したため、類義表現が豊かになり、微妙なニュアンスの

違いを表わすことができるようになった。しかし、外来語の導入にはマイナス面もある。

たとえば、英語で「目」はeyeというが、「目」に関連する「眼科医」、「眼鏡屋」はなんというであろうか。「眼科医」を、eye doctorと表現することもあるが、広告・看板ではoculist（ラテン語oculus〈目〉より派生）を目にすることが多い。このほかに、ophthalmologist（ギリシア語 ophthalmós〈目〉より派生）を用いることもある。「眼鏡屋」は、optician（ギリシア語 optós〈目に見える〉より派生）であるが、アメリカ英語ではoculistも用いられる。いずれの場合も、「目」に関する語でありながら、eyeとの形態上の関連はまったく見られない。

同様に「犬」はdogだが、「犬歯」はcanine tooth（canineはラテン語 canis〈犬〉より）、「犬小屋」はkennel（ラテン語 canisより派生）という。余談になるが、筆者は中学校のときkennelを「犬寝る」と覚えた。また、BSEはbovine spongiform encephalopathy（牛スポンジ様脳症、狂牛病）の略語であるが、bovine（ウシ亜科の）は本来語oxに対応する形容詞形でラテン語からの借用語である。

このように英語では、語源が異なるため、意味上関連がありながら、それが語形に反映されない語群が数多くあり、学習者だけでなく母語話者にも語彙の習得・記憶を難しくさせている。英語語彙のこうした難しい一面を実感してもらうために、コラムにある「ボキャブラリー・クイズ」（72ページ参照）に挑戦してみていただきたい。

アラビア語からの借用語

中英語期における借用語の大多数は、フランス語とラテン語であるが、西欧諸国によるイスラム圏への十字軍の派遣により、アラビア語も相当数英語に借用された。ただし、その大部分は直接導入されたのではなく、フランス語、スペイン語、ラテン語を経由したものである。

具体例として、alchemy（錬金術）、alcohol（アルコール）、

★column──ボキャブラリー・クイズ

(1)から(10)では、左端にある英単語と意味上関連のある語句が並んでいる。空所にそれぞれ英単語を一つ入れなさい。

(例) dog : canine tooth（犬歯）, kennel（犬小屋）
(1) sun, moon : ＿＿＿＿ system（太陽系）, ＿＿＿＿ eclipse（月食）
(2) star : ＿＿＿＿（占星術）, ＿＿＿＿（星座）
(3) sea : ＿＿＿＿ sports（海洋スポーツ）, ＿＿＿＿（海軍）
(4) earth : ＿＿＿＿ warming（地球温暖化）, ＿＿＿＿（地球儀）
(5) mind : ＿＿＿＿（心理学）, ＿＿＿＿ health（心の健康）
(6) body : ＿＿＿＿ labor（肉体労働）, ＿＿＿＿ punishment（体罰）
(7) tooth : ＿＿＿＿（歯医者）, ＿＿＿＿ plaque（歯垢）
(8) sleep : ＿＿＿＿（不眠症）, ＿＿＿＿（冬眠）
(9) ten : ＿＿＿＿（10年間）, ＿＿＿＿ system（10進法）
(10) hundred : ＿＿＿＿（100年、1世紀）, ＿＿＿＿ anniversary（100年記念）

答： (1) solar ; lunar (2) astrology ; constellation (3) marine ; navy (4) global ; globe (5) psychology ; mental (6) physical ; corporal（physical や bodily も可） (7) dentist ; dental (8) insomnia ; hibernation (9) decade ; decimal (10) century ; centennial algebra（代数学）、alkali（ソーダ灰、アルカリ）、almanac（暦、年鑑）、cotton（綿）、lemon（レモン）、sugar（砂糖）、syrup（シロップ）が挙げられる。科学・数学の用語が多く見られるのは、中世イスラム圏のこうした分野での先進性を示している。また、al- という要素の付いた語が目立つが、al- はアラビア語の定冠詞（英語の the に相当）である。ちなみに、英語由来の日本語である「ジ・エンド」（the end）でも、定冠詞も含めて借用している。

アラビア語と同じセム語族に属するヘブライ語やアラム語からも、聖書を通して amen（アーメン）、Messiah（救世主）、Satan（サタン）などが借用されている。ただし、amen と Satan は、すでに古英語期に導入されている。

英語の復権

ノルマン征服以降200年ほど、英国はフランスと強いつながりをもつことになったが、ヘンリー2世の四男ジョン（John, 1167−1216）が王位に就くと、事態に変化の兆しがあらわれる。1204年、ジョンはフランスの領地をめぐってフランス王フィリップ2世（Philip Ⅱ, 1165−1223）と争ったが敗れ、ノルマンディーなどのフランスの領地を失った。このためジョンは失地王（Lackland）と呼ばれる。以降、フランスに広大な土地を所有し、フランス王に忠誠を誓っていた英国王や貴族は、しだいにフランスとの関係が稀薄(きはく)になり、英国に対する国家意識が形成されていくことになる。

エドワード3世（Edward Ⅲ, 1312−77）のもとで、フランスとの間にフランス王位や領土をめぐっていわゆる百年

戦争 (Hundred Years' War, 1337-1453) が勃発すると、フランス語は敵性語となり英語に対する意識が高まる。1362年には議会の開会宣言が初めて英語で行われた。また同年、法廷でも訴訟をフランス語でなく英語で行うことを定める法が制定された。1399年に即位したヘンリー4世 (Henry IV, 1366-1413) は、ノルマン征服以降初めて英語を母語とする王であった。

チョーサーの肖像

1384年頃、ウィクリフが最初の完訳英語聖書を刊行したのも、こうした時代背景があったのである。また、『カンタベリー物語』(*The Canterbury Tales*, 1387?-1400) など多くの傑作を英語で著したチョーサーが活躍したのは、まさに英語が復権をとげていたときであり、もし100年早く生まれていたらチョーサーは「英詩の父」と呼ばれることはなかったであろう。

IV 近代英語期──国際化した借用語

ノルマン征服後、表舞台から退いていた英語は13世紀以降徐々に復権を果たしたが、16世紀に入ると英語はさらに著しく発展する。

英国ではヨーロッパ大陸より少し遅れ、16世紀頃から文芸復興、いわゆるルネサンスがはじまる。英国でもギリシア・ラテン古典研究が盛んになり、その結果としておびた

だしい数の古典語が英語の語彙に入ってくることになった。また、少し前になるが1476年、英国最初の活版印刷家ウィリアム・キャクストン（William Caxton, 1422?－91）がロンドンのウェストミンスターに印刷所を開設している。これ以降数多くの英語印刷本が出版されたが、時代は、手書きの写本から大量出版が可能な時代に入り、新たな語彙が普及していくことになる。

ラテン語からの借用語

この時期に英語に借用されたラテン語は約1万語（ただし、その半分は今日の英語には伝わらず廃れてしまった）といわれる。そうしたラテン語のなかに secure（安全な）があるが、実はこの単語はすでに中英語期に sure という形で英語に取り入れられている。sure（確かな）は、secure と同じラテン語起源であるが、フランス語を経て英語に入ったために語形・意味が異なっている。したがって、両者は英語にたびたび見られる二重語の例となる。

chamber（部屋、議場）と camera（カメラ）が同じラテン語 camera（丸天井の部屋）を語源とすることは、英語の歴史を知らない限り母語話者でも気が付かないだろう。前者は中英語期にフランス語を経由して英語に借用されたのに対して、後者は近代英語期にラテン語から直接入ってきた。英語の camera とその語源であるラテン語の camera とはどのような意味的なつながりがあるのだろうか。実は、英語の camera はラテン語の camera obscura（暗い〈obscura〉部屋）の後半部が省略された形である。camera obscura は、暗室・箱の壁面に空いた小さな穴を通して外

の景色などを反対側の壁面に映し出す装置で、当初は画家などがスケッチの道具として用いた。

さて、英語はフランス語の動詞を借用する際、しばしば、元の形

カメラ・オブスクーラ

を変形させていることはすでに見たが、ラテン語の動詞を導入する場合も同様なことが起こっている。

たとえば、divide（分ける）は、ラテン語の dividere に由来するが、英語に借用する際、ラテン語の動詞の不定詞語尾を切り取ったものである。一方、英語の direct は「指導する」などの意味で動詞として用いられるが、その語源はラテン語の動詞の dirigere である。両者の間に見られる語形上の不一致は、direct が直接 dirigere に由来するのではなく、dirigere の完了分詞形 directus の語尾 -us を落として借用されたことによる。

また、conduct（導く）と conduce（助けになる）という動詞があるが、この2つの語は、実は同語源、つまり二重語である。両語ともラテン語の動詞 conducere に由来するが、後者は、不定詞語尾を取り除いて借用した形であり、前者は完了分詞形 conduct(us) から借用したものである。conduce は、英語に入った当初は conduct と同様「導く」を意味したが、そこから「（望ましい結果に）導く、助けになる」という意味をもつようになった。

第3章 語彙の増大

ギリシア語からの借用語

　近代英語期には、ラテン語と並んで多くのギリシア語が英語に入ってきたが、その多くは学術用語である。anthropology（文化人類学）、biology（生物学）、economics（経済学）、mathematics（数学）、physics（物理学）などの学問名や analysis（分析）、cube（立方体）、diagnosis（診断）、diagram（図表）、dogma（〈キリスト教の〉教義）、system（組織、体系）、theorem（定理）、theory（理論）などの学術・専門用語の多くはギリシア語に由来する。ただ、ギリシア語は直接英語に借用されるよりは、しばしばフランス語やラテン語を介して取り入れられることのほうが多く、たとえば、cube はギリシア語では kúbos だが、/k/ という音を c でもって綴るラテン語の慣習に倣っている。

　科学技術が急速に進歩し、日々おびただしい数の術語が生まれている現在でも、ギリシア語は新たな科学・専門用語を英語に提供している。bio- という要素は、ギリシア語の bíos（生命）に由来するが、これを基にして、biology をはじめ、biochemistry（生化学）、biocomputer（バイオコンピュータ；人間の脳に並ぶ性能をもつコンピュータ）、biocycle（生物サイクル）、biodiversity（生物の多様性）、biodynamics（生物〈動〉力学）、bioecology（生物生態学）、bioengineering（生体〈生物〉工学）、bioethics（生命倫理〈学〉）、biofuel（バイオ燃料）、biogenetics（遺伝子工学）、biohazard（生物危害、バイオハザード）、biophysics（生物物理学）、biotechnology（生物工学、バイオテクノロジー）、biowarfare（生物戦争；細菌戦）など多種多様な新語を生み出している。

一方で、現在、環境問題が注目されているが、ギリシア語の oîkos（家、居住）に由来する eco-（〈人間・生物が住む〉環境）という要素も、ecocatastrophe（大規模な生態系の異変）、ecocide（エコサイド；環境汚染が引き起こす生態系の破壊）、ecology（生態学）、ecopolitics（環境政治学）、ecosystem（生態系）など、環境に関連する語の造語に貢献している。

また、anthropology, biology に含まれる -logy はギリシア語の lógos（言葉、理（ことわり））に接辞 -ia を付けた logia を借用したもので、bacteriology（細菌学）、gerontology（老人学、老年学）、immunology（免疫学）、Japanology（日本学）、meteorology（気象学）、neurology（神経学）、phonology（音韻論）、seismology（地震学）、volcanology（火山学）、zoology（動物学）といった学問名を次々に生み出している。なかには、cynology（イヌ学；cyno- はギリシア語の kúōn〈犬〉に由来）、garbology（ゴミ学；garbage〈ゴミ〉の分析による現代文化研究）といったユニークなものもある。

英語純正運動

16世紀半ばになると、大量の古典語の流入に対する批判が起こり、ラテン語やギリシア語からの借用語を「インク壺臭い（学者ぶった）言葉」（inkhorn terms）として排斥しようという英語純正運動が起こった。そうした運動の急先鋒（ほう）であったケンブリッジ大学のジョン・チーク（John Cheke, 1514−57）は新約聖書翻訳の際も、英語本来語を用いることを推奨し、たとえば、借用語の prophet（預言者）や parable（喩（たと）え話、寓話（ぐうわ））を本来語の foresayer や byword

に置き換えている。なお、チーク教授は優れたギリシア古典学者であり、借用語を擁護しても不思議ではない立場にあっただけに、その態度は興味深い。

古典語隆盛の初期近代英語期を生きた劇作家シェークスピアは、とくにラテン語やギリシア語の素養はなく、同時代のある文人は彼を評して 'little Latin, less Greek'（ラテン語はほとんど知らずギリシア語の知識はそれ以下）と言っている。そのシェークスピアの作品に『恋の骨折り損』(*Love's Labour's Lost*, 1594–95) があるが、そこでは、ホロファニーズという教師がむやみやたらにラテン語をひけらかす様子がコミカルに描かれている。

次の引用では、ホロファニーズが奇矯なスペイン人アーマードーへの悪口を尽くしているが、その台詞(せりふ)は、ラテン語の Novi hominem tanquam te.（われ彼を知るは汝(なんじ)を知るが如(ごと)し）ではじまり、アーマードーのことを peremptory（独断的な）、thrasonical（ほら吹きの）、peregrinate（異国風な、外国かぶれの）といった難解なラテン借用語で形容している。こうした形容詞は実はホロファニーズにこそふさわしいところが滑稽(こっけい)である。なお、冒頭に引用されるラテン語の文は、当時のラテン語文法書に用いられていた例文である。

Novi hominem tanquam te. His humor is
lofty, his discourse *peremptory*, his tongue filed,
his eye ambitious, his gait majestical, and his general
behavior vain, ridiculous, and *thrasonical*. He is too
picked, too spruce, too affected, too odd as it were,

too *peregrinate*, as I may call it.

われ彼を知るは汝を知るが如し。あの方は、気質は高邁(こうまい)で、議論は断定的で、言葉は洗練されており、目は大望にあふれ、歩きぶりは堂々としていますが、その態度全般についていえば、独りよがりで、滑稽で、ほら吹きといえます。あの方は、あまりに好みがうるさく、こしらえすぎ、気取りすぎ、風変わりすぎています、いわば、あまりに外国かぶれが過ぎるとでも申しましょうか。

『恋の骨折り損』第5幕第1場 9–14

シェークスピアと『欽定訳聖書』

上に引用したホロファニーズの台詞のなかで用いられているラテン借用語 peregrinate の形容詞用法は、この箇所が英語文献にあらわれた最初の例である。英語語彙には、ほかにもシェークスピアの作品に由来するものが多い。

たとえば、accommodation（便宜、宿泊〈設備〉）、assassination（暗殺）、barefaced（ヒゲのない、むき出しの）、countless（無数の）、dislocate（脱臼(だっきゅう)させる）、dwindle（だんだん小さくなる）、eventful（出来事の多い）、gloomy（陰気な）、laughable（おかしい）の初出例は、シェークスピアの作品に見られる。もちろん、これらの語のなかには、シェークスピア以前にすでに用いられていたにもかかわらず、たまたま文献にあらわれなかったものもあるかもしれない。しかし、その場合でも、この偉大な劇作家が用いたことで、それらの語が広く認知されるようになった可能性は十分にある。

現代英語の慣用表現（イディオム）にも、シェークスピア起源のものが多い。難解な講義や書物などがさっぱりわ

からない場合、英語では It's (all) Greek to me. (ちんぷんかんぷん) と言うことがある。この表現はラテン語の諺に由来するが、シェークスピアの『ジュリアス・シーザー』(*Julius Caesar*, 1599-1600) で用いられたことで英語に定着した。It's (all) Greek to me. は文字通りには、「それは、私にとってギリシア語 (のよう) だ」の意味であるが、一般庶民にとってギリシア語は難解極まるものであったので「(ギリシア語のように) さっぱりわからない」を意味するようになった。

シェークスピアの肖像

ほかにも、eat the leek (屈辱を忍ぶ;『ヘンリー5世』)、the green-eyed monster (緑の目をした怪物、嫉妬;『オセロ』)、on purpose (故意に;『間違いつづき』)、salad days (未熟な青年時代;『アントニーとクレオパトラ』) はいずれもシェークスピア起源である。また、out-Herod Herod (残忍さにおいてヘロデ王を凌ぐ;『ハムレット』) のように out (凌ぐ、優る) を固有名詞に付けた動詞句もシェークスピアの造語である。その後、これに倣って out-Milton Milton (詩作においてミルトンを凌ぐ)、out-Darwin Darwin (博物学においてダーウィンに優る) のような語句が生み出されている。近年でも、out-Bush Bush (テロに対する強硬姿勢でブッシュ大統領を凌ぐ)、out-Gates Gates (IT分野でビル・ゲイツを凌ぐ) といった新たな表現が生まれている。

ところで、英国の BBC テレビには、"To Buy or Not to Buy" という番組がある。この番組では、不動産物件を探

している視聴者も参加して、家などをいろいろな観点から検討して「買うか買わないか」を決めていく。この番組のタイトルは、言うまでもなく、『ハムレット』(Hamlet, 1600-01)の有名な台詞 To be, or not to be, that is the question.(生きるべきか、死ぬべきか、それが問題だ)を踏まえたものである。

シェークスピアと並んで英語語彙の発達に貢献したのは、英訳聖書、とりわけ1611年に上梓された『欽定訳聖書』(The Authorized Version)である。この聖書は、『ジェームズ王聖書』(King James Bible)とも呼ばれ、その後20世紀にいたるまで、英訳聖書の規範となった。

現代英語で慣用化している cast pearls before swine(豚に真珠)は新約聖書「マタイ伝」、the scales fall from one's eyes(目からうろこが落ちる、迷いから覚める)は新約聖書「使徒行伝」、turn the other cheek(攻撃されても報復しない)は「マタイ伝」など、それとは逆に報復を促す an eye for an eye(目には目)は旧約聖書の「出エジプト記」など、the valley of the shadow of death(死の影の谷、苦難)は旧約聖書の「詩篇」に由来する。日本語表現として定着した感のある「豚に真珠」や「目からうろこ」も聖書起源ということになる。

さて、現代英語の talent は「才能、素質」を意味し、アメリカでは「才能のある人、タレント」の意味で用

『欽定訳聖書』初版の総題扉

いられることもあるが、この語はラテン語の talentum(さらにギリシア語の tálanton に遡る)を借用したものである。ラテン語の talentum は「重さ」の単位で、通貨の単位としても用いられた。英語でも、当初は、「(重さ・通貨の単位としての)タラント」という意味であった。それでは、現代英語の「才能」の意味はどこからきたのであろうか。実は、この意味の発達には英訳聖書がかかわっている。

　新約聖書の「マタイ伝」(25章14－30節)に、よく知られたイエス・キリストの喩え話がある。「タラントの喩え話」とも呼ばれるこの話では、1タラントのお金を預けられた者は1タラントの働き、5タラントのお金を与えられた者は5タラントの働きをすべきである、つまり、人は神から授かったタラント(＝才能)に応じてそれぞれが働かなければならないと説いている。この喩え話から、本来貨幣の価値を表わした talent という言葉が、「(神から授けられた)才能」の意味に転じて現代にいたったのである。

ヨーロッパ近代語からの借用語

　初期近代英語以降、大陸との交渉も活発になり、ヨーロッパの諸言語からの借用語も増加した。フランス語以外の借用源としてとくに重要なのは、オランダ語、イタリア語、ドイツ語である。

　オランダ語からは、cruiser(クルーザー)、dock(ドック、船渠)、yacht(ヨット)などの航海用語や easel(画架)、landscape(風景)、sketch(写生)などの美術用語を中心に借用している。こうした分野にオランダ語からの借用語が多いのは、17世紀にオランダが英国と海上権を競うほど海

洋大国であったこと、また絵画の分野ではルーベンス (Peter Paul Rubens, 1577-1640) やヴァン・ダイク (Anthony Van Dyck, 1599-1641) などのフランドル派やレンブラント (Rembrandt Harmensz van Rijn, 1606-69) などのオランダ派が活躍したことによる。

イタリア語からも、fresco（フレスコ画法）、replica（複製）、studio（アトリエ）などの美術関係の語彙や basso（低音）、oboe（オーボエ）、opera（オペラ）、piano（ピアノ）、prima donna（〈オペラの〉主役女性歌手）などの音楽用語を取り入れている。なお、piano はもともと pianoforte（弱い音〈piano〉と強い音〈forte〉の両方を出せる楽器）であったが、その後半部が省略された形である。

ドイツ語からは、cobalt（コバルト）、quartz（石英）、zinc（亜鉛）など化学、鉱物学といった学問分野の用語が多い。

グローバルな借用

これまで述べてきたように、16世紀以降の近代英語期には、古典文芸復興運動の影響のもと、多くの語をギリシア語・ラテン語から取り入れた。同時に、この時期はもう一つ別の理由により、英語の語彙はさらに増大していった。

1588年に英国は当時「無敵」といわれたスペインの艦隊をアルマダの海戦で破ったが、それ以降覇権を拡大し世界各地を植民地化していく。1600年には東インド会社を設立し、東洋との直接貿易をはじめる一方、17世紀初頭にはアメリカ大陸への植民を開始した。18世紀以降は、アフリカやオセアニアにも進出して、20世紀初めには地上の5分の2を支配し、文字通り「日の沈まぬ帝国」(the Empire on which the sun never sets) となった。

　こうした英国の帝国主義政策の結果、植民地化した世界各地からその地域の文化・物産が英国にもたらされ、それまで英語があまり借用することのなかったヨーロッパ以外の地域の言語から多くの言葉が移入された。近代英語以降のこうした世界のさまざまな言語からの借用を「グローバルな借用」(global borrowing) という。以下、そのおもな借用源を見ていきたい。

　17世紀以降、英国が北米大陸に進出したことで、もともとそこに居住していたいわゆるアメリカインディアンと接触をもつことになった。彼らの言語から英語 (とくにアメリカ英語) は rac(c)oon (アライグマ)、tomahawk (戦斧)、totem (トーテム；ある種族が自らの象徴として崇拝する自然物) などの語を借用している。とくに顕著なのはアメリカの地名におけるアメリカインディアンの影響である。

　米国50州および1特別区のなかで、北米インディアンの諸言語に由来するものは、Arizona (原義「小さな泉の地」)、Connecticut (原義「干満のある長い川で」)、Mississippi (原義「大きな川」)、Ohio (原義「美しい川」)、Texas (原義「仲間、味方」) などほぼ半数に及ぶ。なお、現代英語では American Indian という表現は避けられる傾向にあり、代わりに Native American (アメリカ先住民、ネイティヴアメリカン) が用いられることが多い。その理由については、第6章で述べる。

　英国は、インドを足がかりにアジアにも進出したが、インドの諸言語からも借用している。curry (カレー) はタミール語、jungle (ジャングル) はヒンディー語、polo (ポロ、

馬上球戯)はバルティー語に由来する。

中国語からも、tea(茶)がオランダ語を経由して借用されている。この語形は「茶」の福建方言の発音(te)によるもので、標準中国語(普通話)ではch'aと発音する。日本語の「茶」は、後者からの借用であり、teaとは同語源ということになる(英語でも当初は北京語によるcha, chahという語形が使われたが、teaに取って代わられた)。

ところで、「日本」の英語名Japanはどこからきているのだろうか。もし日本語から直接輸入したとすれば、Nippon, Nihonという発音に近かっただろう。実は、Japanという語は、16世紀末に中国語の「日本」(Jihpûn)をマレー語(Japung)を介して英語が借用したものである。なお、現在の標準中国語では「日本」のことを「リーベン」(Rìběn)と呼ぶ。

日本語からの借用語

日本語はどのくらい英語に借用されているだろうか。『オックスフォード英語辞典』に収録されている日本語を語源とする語は400を超える(コラム参照)。ただし、それらのうち一般の英語母語話者が知っているものは、おそらくごく一部であろう。

最初期の日本語からの借用語はKuge(公家)やbonze(坊主)で、これらの語は鎖国前の16世紀末に英語にもたらされた。bonzeからは、それに派生語尾-essや-eryを付けたbonzess(尼僧)やbonzery(僧院)といった混種語も生まれている。ただし、bonzessはフランス語経由で英語に入ったものである。

★column──日本語からの借用語

 以下のリストは、『オックスフォード英語辞典』(オンライン版)に収録されている日本語からの借用語の一部を世紀別に並べたものである。括弧内の数字は、初出年代。対応する日本語が一見して明らかでない語には和訳を添えた。

16世紀: Kuge (1577 公家), bonze (1588 坊主)
17世紀: katana (1613), tatami (1614), shogun (1615), kobang (1616 小判), inro (1617 印籠), tai (1620 鯛), soy (1696 醬油)
18世紀: adzuki (1727 小豆), katakana (1727), katsuo (1727), mikado (1727), zazen (1727), Zen (1727 禅), ginkgo (1773 銀杏)
19世紀: hara-kiri (1856), tycoon (1857 大君), kyogen (1871 狂言), ronin (1871 浪人), seppuku (1871), futon (1876 布団), ukiyo-e (1879), sumo (1880), tofu (1880), sensei (1884 先生), kimono (1886), geisha (1887), judo (1889), sushi (1893), kamikaze (1896), tsunami (1897), bushido (1898), haiku (1899), Kabuki (1899)
20世紀: ikebana (1901), tempura (1920 もとはポルトガル語), kendo (1921), sabi (1932 寂), wabi (1934 侘), zaibatsu (1937), shibui (1947 渋い), bonsai (1950), Zengakuren (1952 全学連), karate (1955), teriyaki (1962), yakitori (1962), gaijin (1964 外人), yakuza (1964), yokozuna (1966), Shinkansen (1968), zaikai (1968), itai-itai (1969 イタイイタイ病), kogai (1970 公害), shabu-shabu (1970), shokku (1971〈石油ショックのような〉政治・経済的衝撃；英語の shock を逆輸入), shosha (1976 商社), karaoke (1979), Walkman (1981), kaizen (1985 カイゼン〈改善〉), zaitech (1986 財テク), nintendo (1987), karoshi (1988 過労死), otaku (1992)

当然のことながら、鎖国の間はほとんど日本語との接触はなかった。しかし、19世紀末になると、日本の伝統的な文化、風習を表わす futon, haiku, hara-kiri, judo, kimono, sushi, tycoon など、日本語からの借用語が増えていく。興味深いのは、tycoon（大君）は英語のなかで独自の発達をとげ、現代英語では口語表現として、oil tycoon（石油王）、media tycoon（メディア王）、great business tycoon（大実業家）のように「実業界の大物」の意味でも用いられる。また、futon は、現在米国などで普及しているが、「床すれすれの低い（折りたたみ式）ベッド」をさすこともあるので注意が必要である。

　20世紀以降の日本語からの借用語を見ると、sabi（寂）、wabi（侘）といった日本的な概念だけでなく、karaoke, kogai（公害）, Walkman, yakuza, Zengakuren（全学連）など多岐にわたる分野から借用が増える。英語圏と日本との接触が多面的になってきたことをうかがわせる。参考までに、『オックスフォード英語辞典』では sabi は "a quality of simple, restrained, and mellowed beauty"、wabi は "a quality of simple, serene, and solitary beauty of a slightly sombre kind" と記述されている。

　日本語からの借用語を専門にした辞典（*A Dictionary of Japanese Loanwords*, 1997）も出版されているが、そこでは、Godzilla（ゴジラ）のほか juku, manga, nemawashi, pachinko も収録されている。また、この借用語辞典には、karaoke の動詞用法も記載されている。本章の終わりで見るように、現代英語では品詞の転換が語形を変えず簡単にできることから、当初は名詞として使われていた karaoke

も Yesterday I karaoked all night long.（昨日は一晩中カラオケで歌った）のように動詞としても用いることが可能である。

ゼロ派生

本章で述べてきたように、中英語期から近代英語期にかけて英語は多種多様な外来語を取り入れた。その反面、古英語で活発であった派生、複合など、自らの素材を用いて語を造り出す能力が衰退した。古英語では、lufu（現代英語の名詞 love に対応）の語幹 luf- に動詞派生語尾 -ian を付けることで、動詞形 lufian（現代英語の動詞 love に対応）を派生したが、中英語以降、語尾変化の簡略化が進行したため、動詞に付く語尾は消失した。その結果、近代英語では名詞・動詞ともに love という同じ形になり、もはや語形だけで品詞を判断することはできなくなった。

しかし、このことは英語に思わぬ利益をもたらすことになる。品詞が異なっても語形が同じということは、逆に言えば、語形が同じままで自由に品詞転換ができるからである。専門用語では、派生語尾を何も付けずに品詞転換を行うので、「ゼロ派生」（zero derivation）または「転換」（conversion）という。

たとえば、dog（犬）という名詞は、そのままの形で「（犬のように）つきまとう」という動詞として用いることができる。逆に動詞の know（知っている）は、be in the know（内情に通じている）という語句では名詞として機能している。

ゼロ派生はとくに初期近代英語期に盛んに用いられ、シ

ェークスピアもその作品中で大胆な品詞転換を行っている。彼のロマンス劇『ペリクリーズ』(*Pericles*, 1607-08)では、her art sisters the natural roses（彼女の造った〈刺繡した〉バラは自然のバラにそっくりである）のように、本来は名詞の sister が動詞として用いられている。このような独創的な品詞転換はシェークスピアの天才によるところが大きいが、もし彼が100年早く、あるいは遅く生まれていたら、そうした才能を発揮することは叶わなかったであろう。まさに、the right person at the right time である。

だが、ゼロ派生によって、新たな英語表現を自由に造り出していこうとする風潮は、初期近代英語期が終わりを告げ18世紀になると批判にさらされることになる。1755年に初めての本格的な英語辞典である *A Dictionary of the English Language* を編纂したサミュエル・ジョンソン (Samuel Johnson, 1709-84) は、品詞の自由な転換には批判的であった。ジョンソンは自身の辞書のなかで、pleasure（楽しみ）という名詞をゼロ派生によって動詞に変換した pleasure（楽しませる）について、「趣味のよくない」(inelegant) 表現であると断じている。以下の pleasure の定義にある *v.a.* は verb active（他動詞）の略号である。

To PLEASURE. *v.a.* [from the noun.] To please; to gratify. This word, though supported by good authority, is, I think, inelegant.

そして、この記述のあとに、pleasure の動詞用法の「悪例」として、シェークスピアからの用例が挙げられている。

第 3 章　語彙の増大

And tell him this from me, I count it one of my greatest afflictions, say, that I cannot *pleasure* such an honorable gentleman.
それから、こう私からお伝えしてください。このような立派なお方を悦(よろこ)ばすことができないのは、私にとって最大の苦痛の一つであると。
『アテネのタイモン』(*Timon of Athens*) 第 3 幕第 2 場 55−57

And if what pleases him shall *pleasure* you. Fight closer or, good faith, you'll catch a blow.
陛下の思(おぼ)し召しに異存がないと言うならね。だが、隙(すき)をみせるなよ、でないと一発くらうことになるぞ。
『ヘンリー 6 世』第三部 (*Henry Ⅳ, Part Ⅲ*) 第 3 幕第 2 場 22−23

　ジョンソンのような英語の権威からこのような批判を受けたにもかかわらず、ゼロ派生はその後も便利な語形成（品詞転換）の手段として用いられ、現代英語でも多くの新たな語彙・用法を生み出している。
　ゼロ派生の対象となるのは、名詞・動詞・形容詞だけでなく、接続詞や助動詞も含まれる。接続詞 if は The peace treaty is full of *ifs*. （その平和条約は不確定な要素だらけである）では「仮定、不確実なこと」という名詞として使われ、ifs and buts というフレーズは「不平や言いわけ」を意味する。His new novel is *a must*. （彼の新しい小説は

必読だ）では、助動詞 must が名詞化して「必須のもの」という意味になる。

また、アメリカ方言学会によって2006年度の 'Word of the Year' に選ばれた pluto という動詞は、固有名詞からゼロ派生によって造語されたものである。Pluto（冥王星）は、1930年に米国の天文学者クライド・トンボー（Clyde W. Tombaugh, 1906−97）によって発見され、太陽系の第9惑星とされてきた（なおディズニーのキャラクターでミッキーマウスのペット犬は、冥王星発見の年に登場したため、プルートと命名された）。しかし、その後の調査でほかの8つの惑星とは異なる点が多いことがわかり、冥王星を惑星と見なすことへ疑問が投げ掛けられるようになった。

2006年に行われた国際天文学連合の総会で太陽系の惑星の再定義がなされ、その結果、冥王星は太陽系の惑星から外れ、「準惑星」に格下げされた。そこから、pluto は「人あるいは物を格下げする」という意味で使われるようになった。

ゼロ派生の主要なパターンとしては以下のものがある。

- 名詞→動詞：elbow（肘で押しやる）、eye（じっと見る）、fox（だます）、mushroom（〈キノコのように〉急速に増える）
- 固有名詞→動詞：Hoover（〈フーバー〉掃除機で掃除する）、lynch（リンチを加える；lynch law を定めた米国ヴァージニア州治安判事ウィリアム・リンチ〈William Lynch, 1742−1820〉より）、Xerox（〈ゼロックスで〉コピーする）

★column──ジョンソンの英語辞典

サミュエル・ジョンソン

ジョンソンは、ほとんど独力によって8年の歳月をかけ、2巻(約2500頁)からなり、収録語彙数が約43500に及ぶ英語辞典を出版した。見出し語については、文学作品などからの多数の引用文によって、語の意味が詳細に記述され、その定義のなかには『オックスフォード英語辞典』に踏襲されているものもある。

しかし、oats(オート麦)の項目では"A grain, which in England is generally given to horses, but in Scotland supports the people."(穀物の一つで、イングランドでは普通馬に餌としてやっているが、スコットランドでは人びとの主食となっている)という記述が見られるなど、ところどころにジョンソンの個人的な見解・偏見が顔をのぞかせている。

さらに、ジョンソンは辞書のなかで、little の比較級 less にさらに比較級語尾 -er を付けた lesser について、"A barbarous corruption of *less*"(less の野蛮で退廃した形)と断じており、英語の語彙だけでなく文法についてもその規範を定めようとしている姿勢がうかがわれる。英語文法の正しい基準を定めようとするこうした規範的態度(prescriptivism)は、18世紀の文法家たちの多くに共通して見られる。

- 動詞→名詞：a good *buy*（掘り出し物）、computer*speak*（コンピュータ用語）、*come*-and-*go*（行き来）、*do's* and *don'ts*（すべきこととすべからざること）
- 形容詞→名詞：an all-time *great*（空前の巨匠）、a hopeful（前途有望な人）、sweets（菓子）
- 形容詞→動詞：black（黒くする）、near（近づく）、slow（遅くする）
- 副詞（前置詞）→名詞：*ins* and *outs*（詳細）、*ups* and *downs*（浮き沈み）

目新しい言い回しを好む広告でもゼロ派生はしばしば用いられる。少し前になるが、アイスクリームの宣伝のキャッチコピーに Shall we Häagen-Dazs?（ハーゲンダッツをいただきませんか）というのがあったが、会社（ブランド）名が大胆にも動詞に変換されている。

インターネットの検索エンジンで有名な Google も動詞としての用法があり、たとえば、I Googled Geoffrey Chaucer.（インターネットでジェフリー・チョーサーについて検索した）ということができる。もちろん、Yahoo も後れをとっておらず、Do you Yahoo?（ヤフーしてますか）のように動詞でも使うことができる。

第4章

綴り字・発音・文法の変化

The History of English Spelling, Sounds and Grammar

第3章では、英語の歴史的発達を語彙の変化を中心に見てきたが、英語では綴り字・発音・文法でも大きな変化が見られる。

　まず、綴り字・発音がともに変化している場合がある。たとえば、head は、古英語では hēafod、中英語では heved, hed であったが、語中にあった子音 f または v（ともに発音は /v/）が失われ、f, v の後にある母音も落ち、それにともなって綴りも発音も大きく変わった。

　一方、綴り字はあまり変わらずおもに発音が変化している場合もある。name は古英語では nama、中英語では name であるが、語幹母音は古英語では /a/、中英語では、/a:/ 近代英語以降では /ei/ のように変化している。

　最後に、発音は変化せず綴り字が変化している例もある。ship は古英語では、scip と綴ったが、発音は現代英語まで変わっていない。11世紀のノルマン征服以降、フランス式の綴り sh /ʃ/ を導入したために綴りだけが変化した。

　文法の変化については第3章で簡単に触れたが、英語では語尾が消失していくなかで、語形変化が担っていた文法的役割を語順、前置詞などが代わりに果たしていくようになる。

　一般に言語には、ラテン語のようにもっぱら語形変化で文法関係を表わす「総合的言語」（synthetic language）と、文法関係を語形変化でなく前置詞・後置詞などによって分析的に示す「分析的言語」（analytic language）の2つのタイプがある。英語の場合は、前者から後者へ変化してきたといえる。

　本章では、英語の綴り字・発音・文法の変化について具

体例を通して考察していきたい。まずは綴り字と発音の変化を見ていこう。

I 綴り字と発音のずれ

英語学習者の多くを悩ませるのは、英語の綴り字と発音のずれであろう。英語では、ni*gh*t の gh、*k*now の k、deb*t* や doub*t* の b、han*d*kerchief の d、*p*sychology の p などのように、綴られていても発音されない文字—「黙字」(silent letter または mute letter)と呼ばれる—がしばしば見られる。

また、英語では一つの綴り字がいろいろな発音を表わす場合がある。たとえば gh という綴りは、先ほどの night のように発音されないこともあるが、*gh*ost では/g/、tou*gh* では/f/、hiccou*gh* では/p/と発音される。また、ou という綴りも、/ʌ/(t*ou*gh)、/ɔː/(*ou*ght)、/uː/(thr*ou*gh)、/au/(*ou*t) のように多様な母音を表わす。

逆に、一つの発音がさまざまな綴り字で表わされる場合もある。/g/という子音を表わすのに英語では、g (*g*ame)、gh (*gh*ost)、gu (*gu*est) のような異なる綴りが用いられ、/k/という子音は、c (*c*ool)、ch (*ch*oral)、ck (si*ck*)、k (*k*eep, wee*k*) によって表記される。長母音/iː/の表記の仕方はさらに多様で、ae (C*ae*sar)、ay (qu*ay*〈埠頭(ふとう)〉)、e (sh*e*)、ea (s*ea*)、ee (s*ee*)、ei (s*ei*ze)、eo (p*eo*ple)、ey (k*ey*)、i (mach*i*ne)、ie (bel*ie*ve)、oe (am*oe*ba〈アメーバ〉) といった綴りが用いられる。

アイルランド生まれの英国の作家・批評家であったジョージ・バーナード・ショー (George Bernard Shaw, 1856 -

1950）は、英語の綴りと発音の間に見られる不規則性を揶揄して、「魚」を表わすのに ghoti という綴りを提案した（ghoti の発案者については異説もある）。gh は tough に見られるように /f/ と発音されることがあり、母音の o は women では /i/、ti は nation では /ʃ/ と発音されるので、ghoti という綴りは /fiʃ/ と発音されることになる。

なぜ綴り字と発音の対応は不規則なのか

英語の綴り字と発音の間に見られる不規則な対応が生まれた背景には、さまざまな要因がある。一つには、発音が、古英語以来多様に変化してきたのに対し、綴りは書物などの書記媒体の普及や学校教育によって標準化・固定化される傾向にあり、発音変化が必ずしも綴りに反映されていないからである。

handkerchief（ハンカチ）は、もともと hand（手）と kerchief（スカーフ；本来は頭にかぶるもの）との複合語で hand の /d/ は発音されていたが、handkerchief という複合語では語中に /-ndk-/ という発音が難しい子音の連鎖が生じたため /d/ が落ちた。han*d*some, We*d*nesday, Win*d*sor（〈イングランド南部の町〉ウィンザー）で語中の d が黙字であるのも同じ理由による。

night, ought, though, through の gh や know の k はもともと発音されていたが、英語ではそれらは発音されなくなり、綴り字だけが昔の発音の痕跡として残っている。ただ、delight という語にも、発音されない gh が見られるが、この語がフランス語から借用された中英語当時は delit(e) という形であった。現在の綴りは、16世紀初め、

黙字の gh をもつ light などの影響で「非語源的な」(inorganic) gh が誤って付加されたものである。

第3章で見たように、英語は多くの外国語を借用しているが、その際、外国式の綴りも導入した。古英語では、/g/ という発音は g という綴り字で表わしたが、ノルマン征服以降フランス式の綴りとして gu (guest) が導入された。ghost の gh /g/ はフラマン語の影響である。

外国語を借用する際、元の外国語の発音が英語の母語話者にとって難しい場合、発音が変化することもある。psychology (心理学) は、ギリシア語の psūkhḗ (息、魂、精神) に -logy を付けたものであるが、英語では語のはじめで /ps-/ という子音の連鎖が許されないため、語頭の p は黙字となった。紀元2世紀のアレキサンドリアの天文学

★column──ghoti クイズ

以下の語はいずれも、もともと英語の(一桁の)数字名であるが、ショーが fish を ghoti としたように、大胆に綴りを変えている。各語がどの数字を表わすか考え、それぞれ標準的な英語の綴り字に直しなさい。

mnign ＝
woon ＝
pseechs ＝
phief ＝
eabt ＝

答：mnign＝nine　(mn /n/ は *mn*emonic、ign /ain/ は s*ign*); woon＝one (oo /ʌ/ は bl*oo*d); pseechs＝six　(ps /s/ は *ps*ychology、ee /i/ は b*ee*n、ch /k/ は *ch*aracter); phief＝five　(ph /f/ は *ph*ilosophy、ie /ai/ は d*ie*、f /v/ は o*f*); eabt＝eight　(ea /ei/ は br*ea*k、bt /t/ は de*bt*)

者で天動説を唱えたプトレマイオスは、英語では Ptolemy /táləmi/ である。ここでも、やはり語頭の /pt-/ を避けるために、p を発音しない。

同じ黙字でも、debt（借金）や doubt（疑う）の b が発音されないのは別の理由による。初期近代英語では大量のラテン語を移入したが、その際、ラテン語は英語の綴り・発音にも影響を与えた。debt, doubt の両語とも中英語期に古フランス語から借用された。当時の形はそれぞれ det(t)e, doute(n) であった。これらの語はラテン語まで遡ると、それぞれ b を含む debitum, dubitare である。ギリシア・ラテンの古典語が重んじられた初期近代英語期では、これらの語では本来のラテン語の綴りが正当と見なされ、ラテン語式の b のある綴りが採用された。一方、発音はほぼ中英語期のまま保たれたので、今日のような発音と綴りの間のずれが見られる。

第3章で触れたように、シェークスピアの『恋の骨折り損』に出てくる学校教師ホロファニーズは、むやみやたらにラテン語をひけらかすが、彼は doubt, debt を dout や det のように発音する者を「綴り字をねじ曲げる輩やから」（rackers of ortography）と呼び非難している（第5幕第1場）。

綴り字改革

英語の発音と綴り字の間の不規則な対応を是正しようという動きは、初期近代英語期から見られる。そうした改革では、英語の綴りをなるべく表音的にする（つまり一つの綴り字が一つの音を表わすような状態に近づける）ことをめ

第4章 綴り字・発音・文法の変化

ざした。そして、英語で用いられる26のローマ字でそれをはるかに上まわる数の音を表わすことに無理があるという認識から、英語のアルファベットを増やすことが試みられた。初期近代英語期の文法家ウィリアム・ブロカー (William Bullokar, 1531?−1609) は、英語のさまざまな音をできる限り表音的に表記するために、37にのぼるアルファベットを提案している。たとえば、ブロカーは、thという綴りの表わす2つの異なる音（無声の/θ/と有声の/ð/）に対して別の文字を当てている。

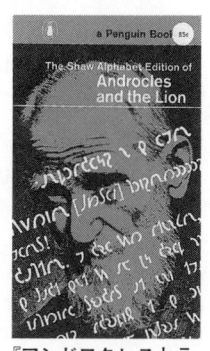

『アンドロクレスとライオン』（新アルファベット版）の表紙

ミュージカル『マイ・フェア・レディ』(*My Fair Lady*, 初演1956年) のもととなった『ピグマリオン』(*Pygmalion*, 初演1913年) の作者ジョージ・バーナード・ショーは、英語の綴り字改革にも関心を示している。ショーは、遺言で死後21年間は彼の著書の印税をすべて新たな英語の綴り字の創設に用いるようにと託した。その基金によって誕生した新たな英語アルファベットは、Shavian alphabet（またはShaw alphabet）と呼ばれ、ショーの遺志にそって基本的に一つの文字が一つの音を表わす表音的なものである。1962年には、ショーの喜劇『アンドロクレスとライオン』(*Androcles and the Lion*) の新アルファベット版（従来のアルファベットとShavian alphabetを並行して用いた版）が出版された。

綴り字改革が成功しなかった理由

初期近代英語期以来、多くの綴り字改革が試みられたが、そのなかで、成功を収めたものは少ない。それにはいくつか理由が考えられる。

英国の植民地政策の結果、英語は全世界に拡がり、英語には、現在、イギリス英語、アメリカ英語、オーストラリア英語、ニュージーランド英語などの変種がある。異なる英語変種の間には、さまざまな発音の違いが見られる。

たとえば、tomato はイギリス英語では/təmá:tou/と発音されるが、アメリカ英語では/təméitou/である。car はイギリス英語では語末の/r/を発音しない傾向があるが、アメリカ英語では/r/を発音することが多い。英米の標準英語の/ei/は、オーストラリアやニュージーランド英語では/ai/となるので、オーストラリア人の一般的な挨拶言葉 Good day（こんにちは）は、Good die と聞こえる。

このような状況で、もしそれぞれの英語変種が独自の（表音的な）綴り字を採用したら、混乱を招くことになるであろう。また、かりにアメリカ英語など特定の英語変種の発音を反映した綴り字を標準綴りにした場合、そのほかの英語圏で大いなる反発が生じるであろう。

さらに、発音に忠実な綴りは思わぬ不便を生じさせる可能性もある。英語には、air/heir, beach/beech, brake/break, eye / I, flour / flower, hear / here, knight / night, know/no, made/maid, red/read（動詞 read の過去・過去分詞）, sail/sale, sole/soul, son/sun, tail/tale, way/weigh, weak/week など、「異綴りの同音異義語」（homophone）が数多く存在する。もしこれらが同音ということで同じ綴り

字に統一されてしまうと、話し言葉だけでなく書き言葉でもこれらの語の区別ができなくなってしまう。

英語には、create/creation/creature, sign/signal など語形も意味も関連がある語群が存在する。create/creation/creature では、語中のtの発音が create では/t/、creation では/ʃ/、creature では/tʃ/のように異なるが、発音に忠実な綴りを採用して create/creashon/creachure のようにしたら、これらの語のもつ関連性は見えにくくなってしまうだろう。sign/signal を sine/signal としたら、もはや2つの語のつながりはまったく失われてしまう。

以上のような理由で、今後も大規模な英語の綴り字改革が起こることは期待できないが、今日においても英語の綴り字と発音をなるべく近づけようとする試みは見られる。

often のtは、子音の連続を避けるため発音されなくなったと考えられるが、すでに中英語期に offen のようなtのない綴りが見られる（often では、nの前の強勢をもたない母音は省略される傾向があるが、その場合/-ftn/という子音連鎖が生じる）。しかし、一度はこのように消えた/t/が、近年綴りにあわせて再び発音されるようになってきている。listen でも/t/をともなった発音が聞かれることがある。このように綴り字と発音の隔たりがある場合、綴り字にあわせて発音することを「綴り字発音」(spelling pronunciation) という。

綴り字と発音のずれの矯正は、綴りを発音に近づけることによっても行われる。たとえば、米国の低カロリー・ビールのブランドである Miller Lite では light が lite と表記され、マクドナルドなどのファースト・フード店のドライ

ブ・スルーは drive-thru（＝drive-through）と綴られることが多い。このような簡略化された綴りは、新奇な商品名などで人びとの関心を引こうとする広告言語や限られたスペースに多くの情報を掲載する新聞やインターネットといったメディアに多く見られる。

Miller Lite

大母音推移

英語では母音の綴りと発音の間にも乖離(かいり)が生じている。日本の小学校などで、初めてローマ字に接したとき、aは「ア」、iは「イ」、uは「ウ」、eは「エ」、oは「オ」と習う。そして、英語以外の言語、たとえば、ドイツ語やフランス語ではこうした文字は、aはドイツ語/a:/、フランス語/a/、iはドイツ語/i:/、フランス語/i/のように、だいたいローマ字読みされる。

ところが、英語の場合は、母音字の名称はaは/ei/、iは/ai/、uは/ju:/、eは/i:/、oは/ou/となっていて、元のローマ字の発音から大分離れている（そのため、英語を習いはじめた頃、nameは「ナメー」でなく「ネイム」であると教わり、「ナメー」のほうが「名前」に近くて覚えやすいのにと筆者などは不満を覚えたのである）。このような母音における綴り字と発音のずれは、なぜ生じたのであろうか。それには、かつて英語で起こった大規模な母音変化がかかわっている。

英語では、中英語後期の1400年頃からおおよそ300年に

第4章 綴り字・発音・文法の変化

わたって、強勢をもつ長母音に大規模な音変化が起こった。この音変化は「大母音推移」(Great Vowel Shift) と呼ばれるが、その概略を以下に示す。

中英語		初期近代英語		現代英語	用例
1100−1500		1500−1700		1900−	
i:	→	ei	→ʌi	→ai	child, nice, wise
e:	→	i:	→	→i:	keep, see, belief
ɛ:	→	ɛ:	→e:	→ei	break, great, steak
				i:	meat, sea, cheap
a:	→	æ:	→ɛ:	→ei	hate, name, take
u:	→	ou	→ʌu	→au	cow, mouse, tower
o:	→	u:	→	→u:	food, moon, tooth
ɔ:	→	ɔ:	→o:	→ou	goat, home, stone

　長母音の変化を見てみると、現代英語の綴り字は、むしろ大母音推移以前の発音を忠実に表わしていることがわかる。name は中英語期には/na:mə/と発音され母音字の a は、/a:/とローマ字風に発音されていた。また、keep と food のように、e や o の文字を重ねたものは、本来それぞれローマ字発音の/e/と/o/を長音化した/e:/と/o:/を表わし、中英語期では keep /ke:p/や food /fo:d/であった。現代英語の長母音の綴りが、大母音推移以前の発音を反映しているのは、音変化がまた完了していない15世紀末、印刷術の導入とともに英語の綴り字が固定化したためである。

　大母音推移は、規則的な音変化であるが、例外も見られる。たとえば、wound（傷）の母音は中英語では/u:/であ

るが、もし大母音推移が適用されたとすると/waund/になっていたはずである。しかし、現代(標準)英語では/wuːnd/となっていて、中英語から音変化していない。これは、長母音の前の/w/が唇を丸める音であったため、同じ円唇の母音/uː/が/au/に変化するのをブロックしたのである。

母音の分類

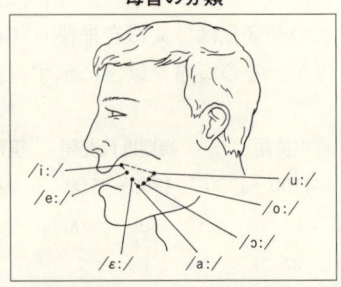

Aitchison, *Language Change* の図をもとに作成

大母音推移

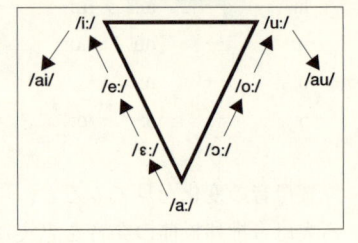

やや専門的になるが、大母音推移における長母音の変化を音声学の観点から考察してみよう。一般に、母音は発音されるときの口腔(口のなか)での舌の高さや高められる舌の部分によって分類される。/iː/を発音する際は、舌の前の部分が高い位置にあるが、/eː/では舌の前の部分がそれよりは低くなり、/ɛː/や/aː/になるとさらに舌の位置が低くなる(あごの下に手を当てながら、/iː/, /eː/, /ɛː/, /aː/をこの順番で発音していくと、あごが徐々に下がっていく、つまり舌の位置が徐々に下がっていくことが体感できる)。一方、/uː/を発音するときは、舌の後部が高く盛り上がるが、舌の後部は/oː/から/ɔː/になるにしたがって下がっていく。

第4章 綴り字・発音・文法の変化

　各母音について舌の最も高い地点を口腔内で示すと、106ページの図のようになる。

　以上を踏まえて、もう一度大母音推移を見てみよう。すると、長母音が一段ずつ高舌化し、高舌母音の/iː, uː/は、それ以上、高舌化できないので、二重母音化しそれぞれ/ai, au/となったことがわかる。

大母音推移はどのようにはじまったのか

　大母音推移はどのようにはじまったのであろうか。理論的には2つの可能性が考えられる。一つは、高舌の長母音から変化がはじまったとする考えである。まず、高舌母音の/iː, uː/が二重母音化して、高舌母音の位置に空白が生じる。それを埋めるべく中高舌母音の/eː, oː/が高舌母音化し、/iː, uː/となる。さらに空いた中高舌母音の位置に中低舌母音が引き込まれる。こうした、変化モデルは「引き込み連鎖」（drag chain）と呼ばれる。

　一方、もう一つの可能性として、低いところから変化がはじまったとも

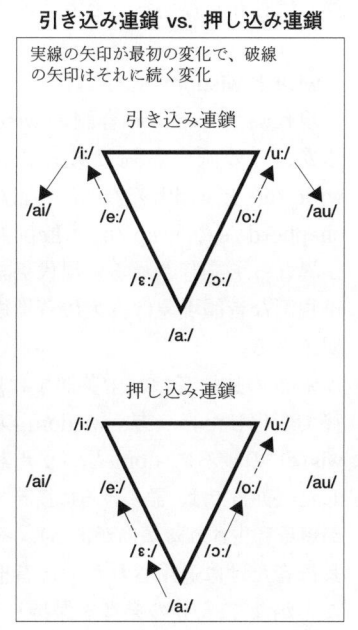

引き込み連鎖 vs. 押し込み連鎖

実線の矢印が最初の変化で、破線の矢印はそれに続く変化

引き込み連鎖

押し込み連鎖

考えられる。まず、/aː/と/ɔː/が高められ、すぐ上にあった/ɛː/と/oː/をそれぞれそこから追い出す。その結果、/ɛː/と/oː/が高舌化し、それぞれ/eː/と/uː/を同様に押し上げる。これは「押し込み連鎖」(push chain) と呼ばれる。

目下のところ、どちらのモデルが有効かを決定づける証拠は得られていない。大母音推移にかかわる音変化の一部は引き込み連鎖により起こり、別のものは押し込み連鎖により生じたとする折衷案も提案されている。また、少数意見ではあるが、大母音推移を構成する複数の音変化の多くは、連鎖的に起こったのではなく、そもそも「大母音推移」は存在しなかったと考える学者もいる。

wise と wisdom

現代英語では、形容詞の wise では i は/ai/と発音されるが、その派生名詞である wisdom では i は/i/である。wide /ai/ と width /i/、five /ai/ と fifth /i/、sheep /iː/ と shepherd /e/、keep /iː/ と kept /e/ でも、対応する母音字が異なって発音される。現代英語に見られるこうした一見不規則な音韻現象は、大母音推移の知識があればうまく説明できる。

wise の長母音は、中英語では/iː/であったが、大母音推移で変化した。一方、wisdom の i も本来/iː/であったが、wis(e) の後ろに -dom という要素が付いたため、短母音化した（英語では、語の後ろに接辞などが付くと、語幹の長母音が短母音化される傾向がある）。そのため、wisdom の/i/は、長母音だけに適用された大母音推移によって変化を受けることがなく、/i/の発音を保持したのである。

中英語 wis /iː/   → 現代英語 wise /ai/
　　　大母音推移：長母音へ適用

中英語 wisdom /i/ → 現代英語 wisdom /i/
　　　大母音推移：短母音には不適用

food, foot, flood における oo の発音

　大母音推移によって中英語の/oː/という長母音は、/uː/に高められたため、現代英語では food, fool, loose, moon, rood, root, soon, spoon, stool, tooth の母音字 oo は/uː/と発音される。

　ところで、英語には oo と綴られていても、foot /fut/ や blood /blʌd/のように/uː/と発音されない語もある。これは、大母音推移によって生じた長母音の/uː/のなかに、その後さらなる変化を受けたものがあるからである。16世紀以降、cook, foot, shook などでは長母音の/uː/が短母音化され/u/となった。さらに、短母音の/u/に変化したものの一部は、17世紀に起こった/u/から/ʌ/への変化に合流した。oo が/ʌ/と発音される blood, flood はその例となる。

　こうした長母音の短母音化は、16世紀以降今日にいたるまで、英語でゆっくり進行した。そのため、一部の語は変化を完了したが、まだその変化を受けていない語もある。このように、音変化が該当する語にすべて一斉に適用されるのではなく語から語へと徐々に拡がっていくことを、「語彙拡散」(lexical diffusion) という。

　broom, groom, roof, room, root の発音を辞書で調べて

みると、room /ruːm, rum/のように2種類の発音が併記されている場合がある。これは、/uː/から/u/への短音化が、現在も進行中であり、過渡期として、長母音の/uː/と短母音化された/u/の二通りの発音をもつ語が存在するためである。つまり、言語変化が起こる場合、変化を受けた新たな発音・形態が変化を受けていない古い発音・形態にすぐに取って代わるのではなく、両者がしばらく「共時的変異」(synchronic variation) として共存するのである。

揺らぐhの発音

大母音推移などによって大きな変化を受けた母音に比べると、英語の子音は一般にそれほど大きな変化を受けず比較的安定していた。/p/, /t/, /k/, /b/, /d/, /g/といった閉鎖音(声道のどこかで呼気を一時的にせき止め、それを一気に解放することによって発せられる音)は、古英語以来ほとんど変化していない。

一方、摩擦音(声道のどこかを狭めることによって、呼気がそこを通過する際、摩擦を起こして発せられる音)では、いくつか変化が生じている。とくに重要なのが、/h/という音(専門的には声門摩擦音という)の衰退である。

現代の標準英語では、heir, honest, honor, hour のようにhが綴られていても発音されないものがある。また、history は通常はhを発音するが、a history と並んで an history という言い方も見られることから、h が発音されないこともあることがわかる。とくに、histórical のように、アクセントがhではじまる音節にない場合、hの発音がより弱まる傾向がある。

第4章 綴り字・発音・文法の変化

標準語から離れると、/h/を発音しない英語方言は数多くある。なかでも有名なのは、いわゆるコックニー（Cockney）と呼ばれるロンドンの下町方言である。ジョージ・バーナード・ショーの『ピグマリオン』のミュージカル版『マイ・フェア・レディ』では、イライザのコックニー訛り、とくに/h/の欠落を矯正するために、ヒギンズ教授は/h/をふんだんに含んだ次のような歌をイライザに歌わせている。

映画『マイ・フェア・レディ』（1964年） 主演はオードリー・ヘプバーン　PELE COLL/STILLS/GAMMA／アフロ

In *H*ertford, *H*ereford, and *H*ampshire, *h*urricanes *h*ardly ever *h*appen.
ハー（ト）フォード、ヘレフォード、ハンプシアでは、ハリケーンはほとんど起こらない。

英語（の一部方言）で/h/の音が不安定で衰退していく傾向が見られるのは、一つには/h/という音自体、比較的弱く発音され聞き取りにくいためである。実際、現代（標準）フランス語では、/h/が消滅している。

もう一つの理由として、英語の摩擦音の体系の問題がある。まずは、現代英語の摩擦音と閉鎖音の体系を見てみよう。

英語の摩擦音の体系

	唇歯音	歯間音	歯茎音	硬口蓋歯茎音	声門音
無声	/f/	/θ/	/s/	/ʃ/	/h/
有声	/v/	/ð/	/z/	/ʒ/	

英語の閉鎖音の体系

	両唇音	歯茎音	軟口蓋音
無声	/p/	/t/	/k/
有声	/b/	/d/	/g/

現代英語の閉鎖音は、それぞれの無声閉鎖音が対応する有声のパートナーをもち、非常にバランスのとれた体系をなしている。一方、摩擦音は、無声の/f, θ, s, ʃ/は有声のパートナーをもっているのに対して、/h/は対応する有声音をもたず、均衡を欠いた体系となっている。このような体系内での空白を「型の空白」(hole in the pattern) という。

ところで、18世紀頃までは硬口蓋歯茎摩擦音/ʃ/も有声のパートナーを欠いていた。一般に言語は、音韻レベルでも文法・形態レベルでも、バランスのよい均衡のとれた体系を志向する傾向がある。そして、均衡が崩れているときは、それを回復するような方向で言語が変化する場合がある。そこで、19世紀になると、均衡を欠いた英語摩擦音の体系を修復させるような変化が生じた。

たとえば、pleasure や treasure の語中の摩擦音は本来/z/と発音されたが、19世紀になると、/z/のあとに半母音の/j/が入るようになり、その影響で、/z/は/ʒ/と発音されるようになった。一方、現代フランス語からの借用語

★column——Cockney

コックニーは本来、ロンドンのチープサイド（Cheapside）にあるセントメアリー・ル・ボウ教会（St. Mary-le-Bow）の鐘の音が聞こえる地域で育ったロンドン子とその言葉をさしたが、現在ではロンドンのイーストエンド（East End）に住む労働者階級の英語をさすことが多い。

コックニー方言の発音上の特徴は、/h/の脱落以外にも、*ei*ghtなどの/ei/が/ai/となる、*th*inkなどの/θ/が/f/となるといったものがよく知られている。こうした特徴は、かつては労働者階級の言葉として下に見られた。そのため、社会的に出世するためには、「容認発音」（Received Pronunciation、略RP）と呼ばれる標準イギリス英語発音を身に付ける必要があった。

『マイ・フェア・レディ』でのヒギンズ教授の試みは、イライザを上流階級のレディに仕立てあげるために、そのコックニー訛りを容認発音に矯正することであった。

容認発音は、もともと英国南部の上流階級の発音で、BBC（英国放送協会）のアナウンサーの標準発音とされていた。しかし、今日では階級色が薄まり、BBCでも各地域方言の発音が採用され、容認発音の地位が低下している。現在、容認発音の話者は英国の人口の3％程度といわれている。

近年、容認発音に代わる新たなイギリス英語の発音規範として、「河口域英語」（Estuary English）が注目されている。河口域英語とは、1980年前後からロンドンのテムズ川の河口域で使われるようになったイギリス英語の変種である。この英語は、容認発音とコックニーの中間的な特徴を示している。たとえば、eightなどはコックニーのように/ait/と発音される傾向があるが、/θ/が/f/になったり、/h/が落ちることはない。

河口域英語は、BBCのアナウンサーにも取り入れられている。また故ダイアナ元皇太子妃（Diana, Princess of Wales, 1961－97）やトニー・ブレア前英国首相（Tony Blair, 1953－）などにも一部その特徴が見られ、影響力を強めている。近い将来、階級色の薄い河口域英語が、階級なき社会の象徴として広まっていく可能性は十分あるだろう。

beige, genre などの影響により、/ʒ/の発音が徐々に英語に広まっていき、ついには、現代英語では無声の/ʃ/は有声のパートナーをもつようになった。

/h/のほうは、有声のパートナー（有声声門摩擦音は発音が難しい）を獲得することはなく、一人ぼっちで漂っているため、安定性を欠いている。学校教育やそれにともなうリテラシーの普及により、書き言葉が規範性をもっている現代では、いまのところ少なくともイギリスやアメリカの標準英語ではなんとか/h/の存在が保たれている。しかし、将来的には衰退に向かい英語から姿を消す日が来るかもしれない。

II　文法——人称代名詞と助動詞の発達

英語は文法面でもいくつかの大きな変化を経ている。古英語では（文法）性・数・格によって名詞や代名詞類がさまざまな形に変化したが、中英語以降、語尾変化の衰退が進行した。そのため、文中での語の役割（＝格）を語形変化によってではなく、語順を SVO に固定させたり、前置詞などを用いることによって表わすようになった。古英語期では、動詞も、法（直説法・仮定法・命令法）、時制、主語の人称・数によってさまざまな活用変化をしたが、活用変化は時を経るにしたがい単純化されていった。その結果、仮定法を表わすのに助動詞が使われるようになってきている。

このほかにも、進行形の発達、動名詞の発達、否定構文の変化など重要な文法変化が英語では見られるが、以下で

は、興味深い言語変化の例を提供してくれる人称代名詞、助動詞、および疑問文・否定文で用いられる do の発達に焦点を当て見ていきたい。

人称代名詞

英語の人称代名詞は、古英語から現代英語にかけて大きく姿を変えている。はじめに、1 人称代名詞から見ていこう。なお、古・中英語期は、さまざまな異形が用いられるが、代名詞の語形変化表には代表的なもののみ挙げてある。

1 人称代名詞は、あとで見る 2 人称、3 人称代名詞と比べると変化が少ない。ただし、we のように古英語から語形が変わらないものでも、発音は変化している。we は、古英語・中英語では/we:/と発音されたが、大母音推移を受けた近代英語以降/wi:/となった。

1人称代名詞

	古英語	中英語	近代英語	現代英語
〈単数〉				
主格	ic	ich, I	I	I
属格	mīn	mi(n)	my, mine	my
与格(〜に)	mē	me	me	me
対格(〜を)	mē	me	me	me
〈複数〉				
主格	wē	we	we	we
属格	ūre	our	our	our
与格(〜に)	ūs	us	us	us
対格(〜を)	ūs	us	us	us

属格は限定（形容詞）用法のみを挙げてある．古英語の1人称両数代名詞 wit（私たち二人）は割愛してある

1人称単数主格形は、古英語、中英語では ic, ich という形であったが、中英語期から語末の子音が落ち、I の形が標準化した。なお、英語と同じゲルマン語であるドイツ語では1人称単数主格形は ich で語末の子音が残っている。

 1人称単数属格形は、古英語では mīn であり、中英語期から min と並行して語末の n が落ちた mi という形も使われるようになった。min, mi は当初使い分けがあって、min は母音や h ではじまる語の前で（e.g. min uncle/head）、mi は子音ではじまる語の前で用いられた（e.g. mi fortune）。興味深いことに、min と mi の使い分けは、現代英語の不定冠詞 an, a の使い分けと基本的に同じである（英語の不定冠詞も本来の形は、n の付いた an であった）。

 母音の前で n が保持されるのは、英語では、母音の連続を避ける傾向があるためである。つまり、min の後に母音ではじまる語が続く場合は、n を残して母音連続を避けようとしたのである。

 その後、mi の異綴り my が一般化して、n の付いた mine は「私のもの」という意味で、名詞をしたがえず独立して用いられるようになった。なお、i と y は現代英語でも、study, studied, studies のように入れ替わることがある。

 次に、2人称代名詞の史的変化を見てみよう。

 まず、大きな変化としては、現代英語で2人称単・複の区別がなくなっていることが指摘できる。古英語や中英語では単数（þū, þ(o)u, thou など）と複数（gē, ye など）が異なる形態で表わされていた。本来の2人称単数形 thou は、現在でも、古語法として聖書などの翻訳や宗教言語に

第 4 章　綴り字・発音・文法の変化

2 人称代名詞

	古英語	中英語	近代英語	現代英語
〈単数〉				
主格	þū	þ(o)u, thou, ye	thou, ye, you	you
属格	þīn	þi(n), thi(n), your	thy, thine, your	your
与格（〜に）	þē	þe, thee, yow	thee, you	you
対格（〜を）	þē	þe, thee, yow	thee, you	you
〈複数〉				
主格	gē	ye	ye, you	you
属格	ēower	your	your	your
与格（〜に）	ēow	yow	you	you
対格（〜を）	ēow	yow	you	you

属格は限定（形容詞）用法のみを挙げてある．古英語の 2 人称両数代名詞 git（あなたたち二人）は割愛してある

残る。キリスト教の一派であるクエーカー教でも、thou が信徒同士の間などで比較的最近まで使われていた。

　現代英語の 2 人称代名詞の単数形は、本来複数形であった you, your に由来する。複数形の 2 人称代名詞が単数にも用いられるようになったのはなぜだろうか。

　古英語の gē（/jeː/ と発音）とそれから派生した中英語の ye（/jeː/ と発音）は、その属格・与格・対格形も含めて複数形として用いられていた。しかし、13世紀頃からフランス語などの影響で、自分よりも目上の単数の人に対する敬称として用いられるようになった。したがって、中英語後期から近代英語期にかけて、thou と ye には以下のような区別があった。

　thou：2 人称単数の親称

117

ye ：2人称単数の敬称および2人称複数

　2人称複数形を単数の敬称として用いる用法は、「尊敬の複数」（plural of respect）と呼ばれる。この用法は、現代フランス語の vous（あなた方が、あなたが）や現代ドイツ語の Sie（あなた方が、あなたが）にも見られる。

　親称の thou は、身分の高い人が低い人に対して、あるいは親が子に対して用い、また恋人同士のような親しい関係にある者の間でも見られた。敬称の ye は、身分の低い人が高い人に対して、または子が親に対して用いる場合や、見知らぬ者同士の会話に見られた。しかし、英語では、しだいに単数 ye が敬意の意味を失い一般的な2人称単数代名詞として用いられるようになった。一方、本来の単数形の thou は古めかしい言い方として避けられるようになり衰退していった。

　初期近代英語期に活躍したシェークスピアの作品では、敬称の ye と親称の thou の巧みな使い分けが見られる。以下は、『ロミオとジュリエット』（*Romeo and Juliet*, 1594–95）からの引用で、ロミオとジュリエットの二人が舞踏会で初めて出会った場面である（第1幕第5場97–107）。

JULIET. Good pilgrim, *you* do wrong *your* hand too much,
　　　　Which mannerly devotion shows in this:
　　　　For saints have hands that pilgrims' hands do touch,
　　　　And palm to palm is holy palmers' kiss.
ROMEO. Have not saints lips, and holy palmers too?
JULIET. Ay, pilgrim, lips that they must use in pray'r.

第4章 綴り字・発音・文法の変化

★column──尊敬の複数

2人称代名詞の複数形が単数敬称として用いられるのは、ヨーロッパの言語だけでなく、南米のケチュア語やインド南部の

You（単数）：
相手に対する直接的指示

タミール語などにも見られる。複数形が敬意と結び付きやすいのは、なぜだろうか。

目の前にいる相手（単数）のことを言及する場合、なるべく相手のことを間接的にぼやかしてさす表現（代名詞）を用いるほうが丁寧な言い方になる。2人称単数代名詞を用いると相手を直接的に指示して、ぶしつけになる。一方、2人称複数代名詞を用いると、あたかも相手の人を含めた複数の集団に語りかけているような感じになり、婉曲

で丁寧なニュアンスが生まれる。
日本語の2人称の代名詞でも、「あなた」、「そちら」、「お宅」などの表現は相手を直接さすのではなく、相手のいる方向や相手の住む家に言及するぼかし表現である（日本語では、代名詞を省略できるので、最も無難な方法は2人称代名詞をまったく使わないことである）。「おまえ」も今はぞんざいな言い方であるが、本来は相手のいる「前の空間」をさす丁寧表現であった。しかし、使われていくうち

You（複数）：
相手に対する間接的指示

にしだいに相手を直さす表現になり丁寧語としては機能しなくなったと考えられる。

ROMEO. O then, dear saint, let lips do what hands do,
   They pray—grant *thou*, lest faith turn to despair.
JULIET. Saints do not move, though grant for prayers' sake.
ROMEO. Then move not while my prayer's effect I take.
   Thus from my lips, by *thine*, my sin is purg'd.

ジュリエット　(エルサレムへの巡礼姿の仮装で舞踏会に来ているロミオに対して) 巡礼様、そのようにおっしゃってはあなたの御手に対してあんまりですわ。あなたの御手は、こうやって立派に信心を表わしていますのに。聖者にも御手があって、それは巡礼者たちが手を触れるもの、そして、掌と掌とを合わせるのが巡礼者たちの接吻でございましょう。
ロミオ　だが、聖者にも唇があり、巡礼者にも唇がありましょう。
ジュリエット　巡礼様、でも、それは、お祈りのときに使うための唇でございます。
ロミオ　おお、では、聖女様、手で行う勤めを唇にもお許しください。私の唇の祈りをお許したまえ。私の信心が絶望へと変わりませんように。
ジュリエット　聖者の心は動きませんわ、たとえ祈りにほだされても。
ロミオ　では、動かないでください、私が祈りの報いをいただく間は。こうして、あなたの唇によって私の罪がこの唇から拭い清められました (ロミオはジュリエットに接吻する)。

　この出会いの場面で、ジュリエットはロミオに対して丁寧な you, your を用いている。一方、ロミオのほうは、ジュリエットに対して最初から thou, thine を使っているが、これは男女関係においては (少なくとも言語使用上は) 男性のほうが女性よりも優位に立っていることを反映している。日本語でも、夫婦間の会話で夫が妻に向かって「おまえ

も散歩に行く？」と言える。一方、妻は夫に対して「あ
̇なたも散歩に行く？」と尋ねることはできるが、「おまえも
̇ ̇ ̇ ̇ ̇
散歩に行く？」と言うことは少ないのではないだろうか。
この場合も、女性のほうが相手に丁寧な呼称を用いるとい
う非対称性が見られる。

　次に、有名なバルコニーのシーン（第2幕第2場33-36）
を見てみよう。ジュリエットは、ロミオが近くにいるのに
気付かずバルコニーから独り言をいう。

JULIET. O Romeo, Romeo, wherefore art *thou* Romeo?
　　　　 Deny *thy* Father and refuse *thy* name;
　　　　 Or, if *thou* wilt not, be but sworn my love,
　　　　 And I'll no longer be a Capulet.

ジュリエット　おお、ロミオ、ロミオ！　なぜあなたはロミオな
　の？　お父様とは無関係だとおっしゃって、ご自分の名もお捨
　てになって。それがおいやなら、私を愛していると、誓ってく
　ださい。そしたら、私ももうキャピュレットの名を捨ててしま
　いましょう。

　ここで注目すべきことは、初対面の時はロミオに対して
丁寧なye系を使っていたジュリエットが、この場面では
親称のthou系に切り替えていることである。このことに
よって、二人の関係が親密になっていることが示されてい
る。
　ところで、現代英語の2人称代名詞の主格形はyouで
あるが（シェークスピアもこの形を主格に用いている）、これ
は本来の複数主格形ではなく、複数目的格（与格・対格）

に由来する。現代英語の2人称複数主格形にyouが採用されたのは、youとyeがアクセントの置かれない弱形の場合、ともに/jə/と発音され、両者の混同が起こりやすかったことも関係している。また、現代英語でも、くだけた文体や非標準英語では、It's me. や Me and Mary are going abroad for a holiday. のように目的格が主格として使われる場合があるので、目的格が主格に「格上げされる」のは、それほど奇異な現象ともいえないだろう。

最後に、3人称代名詞の史的変化を見てみよう。

第3章でも述べたように、現代英語の3人称複数のthey, their, themはいずれも英語本来語でなく、北欧語（古ノルド語）からの借用である。これらの代名詞は1200年頃から文献にあらわれはじめる。なお、現代英語で、口語表現としてthemの代わりに'emが見られるが、これはthemの省略形ではなく古英語himに由来するhem語頭の/h/が落ちた形である。

3人称女性単数主格のsheは、12世紀半ばに初めて文献に登場する。その語源については古英語hēoからの発達であるという説や古ノルド語の影響など諸説ある。なお、現在でも英国の南西部方言では、古英語hēoに由来するheをHe is their mother. のように女性代名詞に使うことがある。

3人称複数や女性単数で、古英語形とは異なるtheyやsheが採用されたのはどうしてであろうか。一つの理由としては、本来の複数形hīeと女性単数形hēoが中英語で同形のheとなることがあり、その場合、3人称代名詞主格では、男性、女性、複数形を区別しにくくなったことが挙

3人称代名詞

	古英語	中英語	近代英語	現代英語
〈男性単数〉				
主格	hē	he	he	he
属格	his	his	his	his
与格(〜に)	him	him	him	him
対格(〜を)	hine	him	him	him
〈中性単数〉				
主格	hit	(h)it	it	it
属格	his	his	his, its	its
与格(〜に)	him	(h)it	it	it
対格(〜を)	hit	(h)it	it	it
〈女性単数〉				
主格	hēo	he(o), she	she	she
属格	hi(e)re	hir(e), her(e)	her	her
与格(〜に)	hi(e)re	hir(e), her(e)	her	her
対格(〜を)	hīe	hir(e), her(e)	her	her
〈複数〉				
主格	hīe	hi, he, þei, thei	they	they
属格	hi(e)ra	hire, þeir, their	their	their
与格(〜に)	him	hem, þeim, theim	them	them
対格(〜を)	hīe	hem, þeim, theim	them	them

属格は限定（形容詞）用法のみを挙げてある

げられる。

　ところで、3人称代名詞では、中英語以降、与格と対格が同じ形に統一されている。このように異なる格が一つの格へ統合される現象は、「融合」(syncretism または merger)と呼ばれる。男性・女性代名詞では、本来の対格形が与格

形に統合されたが、中性代名詞では、本来の与格形が対格形に統合された。

　格の融合で、男性・女性代名詞と中性代名詞の間に非対称性が見られる理由はいくつか考えられる。まず、中性代名詞の本来の与格形であるhimが、男性代名詞の与格形と同形であったために、より明確に区別できるitが目的格（与格と対格を含む）形として採用された可能性がある。ただし、この説明では、なぜ男性・女性代名詞では対格形が与格形に統合されたのかという問題が未解決のままである。

　もう一つ有力な説は、代名詞の指示対象の性質によって英語人称代名詞の格融合に見られる非対称性を説明しようとするものである。英語では、もともと現代フランス語やドイツ語のように文法性によって代名詞の性が選択されていたが、古英語期末以降、語尾の弱化とともに、文法性が衰退し、自然性によって代名詞の性が決定されるようになる。その結果、男性・女性代名詞は典型的には人をさす場合に用いられることになる。そして、与格は典型的には「受益者（〜に）」を表わし、「人」と結び付きやすいため、人を表わすことの多い男性・女性代名詞では、与格形のほうの頻度が高くなり、それが一般的な形として残ったと考えられる。一方、対格は典型的には行為によって影響を受ける事物を表わし、「もの」と結び付きやすいため、「もの」を表わすことの多い中性代名詞では対格形のほうが頻度が高くなり、それが一般形として残ったと想定される。

　最後に、中性代名詞の属格は本来、男性代名詞の属格と同様hisであったが、16世紀末から属格語尾-sを付けたits

第4章　綴り字・発音・文法の変化

新たな2人称複数代名詞の登場

現代英語の2人称代名詞では、単数・複数の区別は失われてしまったが、単数形と異なる独自の複数形が復活する傾向が、一部の英語変種・方言に観察される。たとえば、you all やその縮約形である y'all（属格 y'all's）は、アメリカの南部方言の特徴として知られている。you all, y'all はアメリカの黒人英語にも見られる。

また、米国では近年、複数の相手をさす表現として you guys がよく聞かれる。guy という語は、1605年イギリス議会の爆破を計画した主犯ガイ・フォークス（Guy Fawkes, 1570−1606）に由来する（なお、イギリスでは、爆破予定日であった11月5日をガイ・フォークスの日〈Guy Fawkes Day〉と呼び、かつてはガイ・フォークスの人形を作って燃やしたが、現在は火をたいたり花火を打ち上げたりする）。この語は、以前は「男、奴」を意味したが、現在では you guys という語句は女性を含む集団に対しても使用できる。

ほかにも、you people, you folks、you に複数語尾 -s を付けた youse, you-uns（you ones より）が用いられることがある。youse はアメリカだけでなく、スコットランド、イングランド北部、オーストラリア、ニュージーランドの英語でも見られる。

さまざまな英語変種・方言に、2人称代名詞の複数形が復活する傾向が見られるのは偶然ではない。英語の/h/の発音の衰退について述べた際に指摘したが、言語は（通常その話者は意識しないが）より安定した体系へ向かって体

系内の調整を行う傾向がある。そうした傾向は、音韻だけでなく、文法・形態でも見られる。

英語人称代名詞の体系

	単数	複数
1人称	I	we
2人称	you	
3人称	he, she, it	they

現代英語では、2人称代名詞で単複の区別が失われたが、1人称および3人称ではその区別が保たれている。そこで、人称代名詞体系内の整合性を求めて、2人称でも、複数形を復元しようとする力が働き、その結果、いろいろな2人称複数代名詞があらわれていると考えられる。将来、いずれかの2人称複数代名詞が標準語に取り入れられる可能性は十分にあると思われる。

助動詞

英語の助動詞も、人称代名詞と並んで興味深い言語変化の例を提供してくれる。以下では、英語の助動詞のうち、「法助動詞」(modal auxiliary) と呼ばれる can, may, must について、その歴史的発達、とりわけ意味の変化を見ていこう。

これらの法助動詞にはそれぞれ〈能力・可能〉、〈許可〉、〈義務・命令〉を表わす用法があるが、ほかに、can(〜することはありうる)、may(〜かもしれない)、must(〜に違いない)のように「話し手の推論・判断」を表わす用法も

ある。以下では、前者の用法をおもに扱う。

〈能力・可能〉を表わす助動詞 can は、本来「知る」という意味をもつ本動詞であった。「知る」から〈能力・可能〉への意味の変化はどのように起こったのであろうか。

たとえば、She can speak English. はもともと「彼女は英語の話し方を知っている」といった意味であったが、英語の話し方を知っている人は普通、英語を話す能力があることから、「彼女は英語が話せる」という意味が生じた。can のように、もとは一般語彙であったものが、助動詞のような文法的機能を果たす要素に発達することを「文法化」(grammaticalization) という。

can はさらに、16世紀中頃から、You can stay here. (ここにいてもよい) のように〈許可〉の意味ももつようになった。なお、〈能力・可能〉の意味から〈許可〉の意味への変化は、日本語でも「ここに車をとめることはでき
・ ・
ますか」という〈可能〉の表現が〈許可〉を求める表現として使われる場合に見られる。

さらに、現代英語では、You can go with us. (一緒に来たらいい=You must go with us.) のように、can が〈軽い義務・命令〉を表わすこともある。can の意味変化をまとめると以下のようになる。†が付いているのは廃義。

can 〈†知る〉→〈能力・可能〉→〈許可〉→〈軽い義務・命令〉

一方、現代英語で〈許可〉を表わす may は、本来は「強い、力がある」という意味の本動詞であった。しかし、古英語では、もっぱら〈能力〉の意味を表わす助動詞とし

て用いられた。なお、may の本来の意味「強い、力がある」は、現代英語でもその派生語 might（能力、力）、mighty（力のある）に見られる。

can と同様に、may でも、〈能力・可能〉の意味から〈許可〉の意味が生じた。may の〈許可〉の意味は can よりもずっと早く、古英語から見られる。学校文法では、〈許可〉を表わす場合、may の使用を奨励しているが、現代英語では、〈許可〉の意味では may はやや堅苦しいか尊大な感じを与える。そのため現在は、後発の can のほうが〈許可〉を表わす助動詞として使われる頻度が高い。さらに、may は、Students may pick up the application forms tomorrow.（明日応募用紙を受け取るように）に見られるように、公文書や法律文書で〈義務・命令〉で用いられることがある。

may〈†力のある〉→〈†能力・可能〉→〈許可〉→〈義務・命令〉

最後に、must は古英語の mōtan に遡れるが、より厳密に言うと、mōtan の過去形 mōste に由来する。現代英語の must に過去形がないのは、この形がもともと過去形であったためである。must の現在用法は仮定法過去に由来し、15世紀から16世紀の間に本来の現在形 mote に取って代わった。

さて、古英語の mōtan は、現代英語の must と異なり、〈義務・命令〉でなく〈許可〉を表わした。初期中英語期から〈義務・命令〉の意味が多くなり、15世紀以降ほぼ現代英語と同じになる。なお、古英語期に〈義務・命令〉の

意味を表わした助動詞は sculan（現代英語の shall に発達）であった。

must〈†許可〉→〈義務・命令〉

can, may, must の意味変化の方向性

以上、3つの助動詞の歴史的変化について意味を中心に考察してきたが、これらの法助動詞の意味変化には一定の方向が見られる。つまり、〈能力・可能〉を表わしていたものが、しだいに〈許可〉の意味で使われるようになり、さらに、〈許可〉を表わす法助動詞は〈義務・命令〉へと意味をシフトさせている。法助動詞の一連の意味変化に、このような変化の方向性が見られるのはなぜだろうか。

can, may, must は、いずれも人に何か依頼したり要請したりする場合に用いられることがある。そして、相手に何か依頼・要請する場合、「丁寧さ」（politeness）の度合いの異なる表現形式がある。

相手に依頼・要請するときに、You must do it.（それをしなければならない）のように、〈義務・命令〉を表わす助動詞を用いると、相手の意向を無視して、何かをさせるというニュアンスがあり、丁寧さが最も低くなる。

一方、You may do it.（それをしてもよい）のように、〈許可〉を表わす助動詞を用いると、前もって相手が何かをすることに許可を求めてきたというニュアンスが生じる。その結果、ある程度相手の意向を尊重したことになり、〈義務・命令〉表現を用いるよりは丁寧になる（must がもともと過去形に由来することも、その命令的口調を和らげるた

め、丁寧な仮定法過去を用いたことが一般化したと考えられる)。また、Can you do it?（それをできますか）のように〈能力・可能〉の表現を用いると、相手がそれをできるかどうかと相手の意向を尋ねるだけなので、丁寧な依頼表現となる。

依頼・要請の表現と丁寧さの相関関係を図式化すると下のようになる。

less polite ⟵――――――――――⟶ more polite
〈義務・命令〉　　　〈許可〉　　　〈能力・可能〉

以上を踏まえると、法助動詞における一連の意味変化は、人に何かを依頼・要請する際、命令口調を避けて婉曲的な丁寧表現を代わりに当てたために起こったと推定される。具体的に言えば、〈義務・命令〉を表わすのに少し穏やかな〈許可〉の表現を使い、〈許可〉を表わすのに婉曲的な〈能力・可能〉の表現を使ったことで、〈能力・可能〉→〈許可〉→〈義務・命令〉という連鎖的な意味変化が法助動詞に見られるのである。

一般に、「婉曲表現」（euphemism）は、使われていくうちに、婉曲性・丁寧さが薄れていくので、次々に新たな婉曲表現が必要となる。つまり、〈許可〉を意味した must がしだいに強い〈義務・命令〉を表わすようになると、新たな許可表現として may が導入され、さらに may が徐々に丁寧さを失うと、今度は can が〈許可〉を意味する新たな婉曲表現として用いられるようになった。

したがって、can, may, must といった法助動詞に見ら

れた一連の意味変化は、丁寧さへの要請がその要因となっており、その点で、前に見た英語の2人称代名詞 you の発達と共通している。

疑問文・否定文にあらわれる助動詞 do

中学校で英語の疑問文・否定文を学習する際、一般動詞は助動詞の do を挿入して、Do you have any money?, I don't have any money. とするように教わる。しかし、現代英語でも、Have you any money?, I haven't any money.（ともにイギリス英語）、How goes it?（元気かい）のように、疑問文・否定文であっても do をともなわないことがあるが、なぜだろうか。その理由は、do の歴史を遡ると見えてくる。

現代英語では疑問文・否定文に助動詞 do があらわれるが、こうした do の用法が確立していくのは初期近代英語期（1500−1700）である。それ以前の古英語や中英語では、現代ドイツ語や現代フランス語のように、疑問文では主語と本動詞を倒置させ、否定文では本動詞の直前または直後に否定辞を置いた。助動詞の do が確立していく初期近代英語では、do を用いない古いタイプの疑問文（Why went you there?）・否定文（I went not there.）と do を用いる新しいタイプの疑問文（Why did you go there?）・否定文（I did not go there.）が共存していた。

助動詞 do の起源

助動詞 do はそもそもどのように発達してきたのだろうか。do は、本来、「する」という意味の本動詞のほかに、

He did his men (to) build a house.(彼は男たちに家を建てさせた)のように、不定詞をともない「(人に)～させる」を意味する使役動詞としても用いられた。以下、説明に用いる例文は、便宜上、現代英語とする。

中英語期では、こうした使役構文でしばしば不定詞の意味上の主語(上例では his men)が省略され、He did build a house.(彼は家を建てさせた)のような文が用いられた。不定詞の主語が省略された文では、曖昧性が生じることになる。

つまり、He did build a house. に対して、「彼が誰かに家を建てさせた」という本来の使役的な意味のほかに、「彼が直接自分で家を建てた」という解釈も可能になる。そして、do の使役用法が make, let などによって取って代わられるにしたがい、非使役的解釈(「彼が直接自分で家を建てた」)のほうが優勢となる。この段階で do の意味は稀薄化し、did build は built とほぼ等価となった。

ほとんど意味を失ってしまった do は、無用な言語要素として英語から消え去っても不思議でなかった。しかし、do はその後、疑問文・否定文で用いられるようになり、現代英語では欠くことのできない文法要素となっている。いったい、助動詞 do は、どのように「新たな働き場所」を得て、そこで成功していったのだろうか。

助動詞 do の用例が本格的に見られるようになるのは、13世紀初めの英国南西部方言の韻文であり、14世紀から15世紀にかけても脚韻詩に頻出している。たとえば、14世紀の詩人チョーサーも、『カンタベリー物語』(I (A) 3409-3411)の「粉屋の話」のなかで、以下のように do

第4章 綴り字・発音・文法の変化

(dooth) を用いている。

> This Nicholas no lenger wolde *tarie*,
> But *dooth* ful softe unto his chambre *carie*
> Bothe mete and drynke for a day or tweye
>
> ニコラスはもうぐずぐずせず早速、
> 自分の部屋に1日か2日分の
> 食糧や飲み水をこっそりと運びこんだ。

　チョーサーがここで do (dooth) を用いたのは、2行目末の動詞 carie (＝carry) を1行目末の動詞 tarie (＝tarry 待つ、ぐずぐずする) と脚韻を踏ませるためである。dooth (do の3人称単数現在形) を用いないと、carie は3人称現在単数の語尾 -th をとり、carieth となり脚韻は成立しない。このように、助動詞 do が韻文で好まれたのは脚韻の手段として有効であったためである。

　当初もっぱら韻文で用いられていた助動詞 do は、1400年頃からしだいに散文にも拡がり、平叙文、疑問文、否定文で使われた。その後、平叙文の do は強調用法を除いて標準英語では衰退していくことになる。一方、疑問文・否定文では、16世紀以降、do の使用が徐々に増えていく。これには、16世紀中頃の英語に見られた語順に関する変化が関係している。つまり、この時期に (助動詞や自動詞を除き) SVO の語順が一段と優勢になり、その結果として疑問文を形成する際にも SV の順序を保つため do が有用になったのである。

doを用いない疑問文：Saw you the star?
　　　　　　　　　　V　 S　　 O
doを用いる疑問文：Did you see the star?
　　　　　　　　　　　 S　 V　　O

　否定文における do の発達にも、疑問文の場合と同様、16世紀中頃の英語に見られた語順に関する変化がかかわっている。とくに他動詞で SVO の語順が優勢になった結果、動詞と目的語の結び付きが強まり、動詞と目的語の離反を避ける傾向が生じた。そのため、否定の副詞によって動詞と目的語を分断してしまう You saw not the star（V-*not*-O）よりも動詞と目的語の隣接を可能にする You did not see the star（*do not*-V-O）のほうが好まれるようになった。

　以上、疑問文・否定文への do の導入の要因について見てきたが、疑問文・否定文での do の普及は漸次的に進行し、すべての動詞に同時に起こったわけではない。したがって、音変化の場合でも見たように、変化がまだ適用されていないものも生じることになる。

　現代英語の慣用的な How goes it? やイギリス英語の Have you any money? や I haven't any money. はそうした「積み残し」の例といえる。

第5章
◆
英語の拡張
The Expansion of English
◆

17世紀以降、英国の帝国主義政策の影響で、世界のさまざまな地域の言葉が英語にもたらされた。一方、植民地化された地域の多くでは、英語がそこに住む人びとの母語または第2言語となり、今日の「世界語としての英語」への礎を築くことになる。イギリス英語からいわば「分家」して、異なる地域で話されるようになった英語は、時とともに「本家」とは異なる特徴を発達させていくことになる。

まずは、イギリス英語を凌ぐようになったアメリカ英語について見ていこう。

北米大陸に最初に植民を企てた英国人は、ウォルター・ローリー（Walter Raleigh, 1554 ? −1618）であった。ローリーは、1584年、ノースカロライナ沖のロアノーク島（Roanoke Island）に上陸し、そこを処女女王（Virgin Queen）の異名をもつエリザベス1世（Elizabeth Ⅰ, 1533−1603）にちなんでヴァージニア（Virginia）と名付けた。この企ては失敗に終わったが、1607年にヴァージニアのジェームズタウンに植民地が建設され、英国人による植民が本格化していく。

これとは別に、信仰の自由を求めてピューリタンなどのキリスト教徒たちも北米に移住した。1620年には、いわゆるピルグリムファーザーズ（Pilgrim Fathers）の一団が、メイフラワー号に乗ってプリマスに到着し、北東のニューイングランドに植民地を築いた。こうして18世紀前半には13の植民地ができ、しだいに英国からの独立の気運が高まった。そして1776年の独立宣言以降、国家としてだけでなく言語的にも英国からの自立が進んでいくことになる。

第5章　英語の拡張

英語の系統図

```
          アメリカ英語    イギリス英語
```

カナダ／アメリカ合衆国／ハワイ／米領サモア／フィリピン／イギリス諸島／西インド諸島／ガーナ／西アフリカ／東アフリカ／南アフリカ／インド　パキスタン　バングラデシュ　スリランカ／シンガポール　マレーシア／香港／パプアニューギニア／オーストラリア／オーストララシア／フィジー／ニュージーランド

Graddol, *The Future of English?* の図をもとに作成

イギリス英語とアメリカ英語

イギリス英語とアメリカ英語の違いについてまず気付くことは、綴り字の違いである。イギリス英語では、centre, metre, theatre のように -re と綴るところが、アメリカ英語では center, meter, theater のように -er となる。スペリングのずれは、colour, favour, honour のようなイギリス式の -our に対するアメリカ式の -or (color, favor, honor) にも見られる。アメリカ式の綴りの例として、judgment (《英》judgement)、catalog (《英》catalogue)、leveling (《英》levelling)、program (《英》programme) も挙げられる。

こうしたアメリカ式の綴りの多くは、アメリカの辞書編纂者として知られるノア・ウェブスター (Noah Webster, 1758-1843) によって導入されたものである。ウェブスターは綴りを簡略にし、なるべく発音に近づけようと努力した（ウェブスターの名前は、アメリカで今日出版されている辞

書の多くに冠されている)。

　英米語では、同じ語であって意味するものが異なる場合がある。vest は《英》「肌着」、《米》「チョッキ」、subway は《英》「地下道」、《米》「地下鉄」、first floor は《英》「2階」、《米》「1階、(ホテルなどの) 2階」となる。一方、同一のものをさす場合でも、異なる語が用いられることがしばしばある。イギリス英語では「肌着」をvestというと述べたが、アメリカでは undershirt を使うのが普通である。なお、「チョッキ」は、アメリカ英語の vest に対して、イギリス英語では waistcoat となる。

　車のパーツについても、英米では食い違いが多い。「フロントガラス」は《英》windscreen,《米》windshield、「トランク」は《英》boot,《米》trunk、「ボンネット」は《英》bonnet,《米》hood である。日本語の「トランク」はアメリカ語法であるのに、「ボンネット」はイギリス式でややこしい。さらに、「フロントガラス」は100パーセント和製英語である。

　イギリス英語とアメリカ英語の間には文法的な違いも見られる。第4章で触れたが、アメリカ英語では疑問文・否定文を用いる際、Do you have any money? や I don't have any money. のように助動詞 do を用いるが、イギリス英語では、本動詞が have である場合、Have you any money? や I haven't any money. のように do を用いないことがある (イギリス英語の口語では、Have you got any money? や I haven't got any money. という形が用いられる)。

　in the hospital, the next day のように場所や時間を表わす表現では、イギリス英語では定冠詞 the が省略される

傾向がある。一方、come, go, help の後に動詞が続く場合、アメリカ英語では不定詞を導く to が省略され go get some water（水を飲みにいく）という。

また、意外なことにアメリカ英語のほうに、古い語法が残っていることがある。英国では、get の過去分詞として got が用いられるのに対して、アメリカでは「手に入れる」の意味では gotten が一般的である（過去分詞語尾 -en

---

★column──イギリス英語とアメリカ英語の違い（語彙）

●同じ語が異なる意味を表わす場合

〈語〉	イギリス英語	アメリカ英語
biscuit	ビスケット、クッキー	薄焼きパン
corn	穀物、小麦	トウモロコシ
jumper	セーター	ジャンパースカート
pavement	歩道	舗装道路
public school	（全寮制の）私立中等学校	公立学校
purse	財布	ハンドバッグ
underground	地下鉄	地下道

●同じ意味を表わすのに異なる語を用いる場合

〈意味〉	イギリス英語	アメリカ英語
秋	autumn	fall, autumn
アパート	flat, apartment	apartment
アンテナ	aerial	antenna
エレベータ	lift, elevator	elevator
ガソリン	petrol	gas(oline)
人・車の列	queue	line
ポテトチップス	crisps	potato chips

の付いた後者のほうがより古い形である)。また文法面でも、I suggest that he *go*. における go のように、現代英語では廃れつつある仮定法現在がアメリカ英語に残っていたりする。イギリス英語では助動詞 should を用い I suggest that he *should go*. というのが普通である。

ところで、19世紀後半、ヘンリー・スウィート (Henry Sweet, 1845−1912) という著名な英国の音声学者・英語学者は、アメリカ英語とイギリス英語はいずれ、互いに理解不能になるぐらい異なってしまうと予測した。だが、この「予言」はいまのところあたっていない。

むしろ、近年、英国ではアメリカのテレビ番組や映画などを通してアメリカ英語の影響が強まっている。たとえば、OK は本来アメリカ英語であったが、いまでは普通に英国でも聞かれる。このように、最近は、イギリス英語がアメリカ化していく傾向が見られる。『アメリカ語』(*The American Language*, 初版1919年) の著者として知られアメリカ英語の権威であった H. L. メンケン (Henry Louis Mencken, 1880−1956) は、『アメリカ語』第4版 (1936年) のなかで、イギリス英語がアメリカ英語の一方言となるであろうとまで述べている。

アメリカ黒人英語

アメリカ英語では、地域による方言的な違いだけでなく、人種間でさまざまな言語的差異が見られる。そのなかでとくに重要なのが、黒人の話す英語であり、「アフリカ系アメリカ英語」(African-American English) と呼ばれているものである。アメリカの黒人英語は、Black English ともい

うが、最近では、African-American English の名称のほうが好まれる。その理由については、第6章で詳しく述べる。ただし、日本語表現としては「アメリカ黒人英語」のほうが定着しているので、本書ではそちらを使うことにする。

アメリカ黒人英語の起源については、諸説があるが、アフリカから奴隷として連れて来られた黒人の母語と英語が混成して形成されたという説が有力である。

黒人英語の発音の特徴としては、まず /θ/ や /ð/ が語頭でそれぞれ think /tink/ や this /dis/ のように /t/ と /d/ となり、語末では both /bouf/ や smooth /smu:v/ のように /f/ と /v/ となることが挙げられる。また、語末に起こる子音の連続は簡略化される傾向にあり、desk は末尾の /k/ が消え /dɛs/ と発音される。

文法の領域でも、黒人英語は独特な特徴を示し、標準英語では The coffee is cold. というところを、主語と補語をつなぐ be 動詞（「繋合詞」〈copula〉と呼ばれる）を省き、The coffee cold. という。一方、The boys be messin' around a lot.（少年たちはしょっちゅう大騒ぎしている）のように be 動詞が原形で用いられると、その行為が習慣的に起こっていることを示す。

否定文では、He don't never go nowhere.（彼はどこにも行かない）に見られるように、否定を表わすのに否定語がいくつか重ねて用いられる。こうした否定の用法は、「多重否定」（multiple negation）と呼ばれ、黒人英語以外でも見られ、古くはチョーサーやシェークスピアも用いていた。なお、例文の He don't（＝He doesn't）のように3人称単数現在の -s を欠いているのも黒人英語の特徴である。

以上のような黒人英語の諸特徴のいくつかは、アメリカの作家マーク・トウェイン（Mark Twain, 1835-1910）の『ハックルベリー・フィンの冒険』(*The Adventures of Huckleberry Finn*, 1884) に登場する黒人奴隷ジムの台詞にも見られる。ジムは、死んだと思っていたハックに出会い、恐れおののいて次のように言う。

ハックとジム　『ハックルベリー・フィンの冒険』の挿画より

Doan' hurt me—don't! I hain't ever done no harm to a ghos'. I awluz liked dead people, en done all I could for 'em. You go en git in de river agin, whah you b'longs, en doan' do nuffin to Ole Jim, 'at 'us awluz yo' fren'.

助けて下せえ、お願えしますだ。おら幽霊に悪いことしたことなんか一度もねえだ。おら死人のことはいつだって好きで、死人のためにできることなんだってしただよ。おめえは川へ戻っとれ、おめえのうちは川の中だから。ずっとおめえと友達だったこのジムじいやになんにもしねえで下せえ。

de (=the) や nuffin (nothing) は、標準英語では/ð/や/θ/となるところがそれぞれ/d/や/f/と発音されている。一方、doan' (=don't), ghos' (=ghost), fren' (=friend) では語末の子音が落ち、doan' do nuffin (=don't do nothing) では多重否定が用いられているなど、黒人英語の特徴がちりばめられている。

第5章　英語の拡張

新英語（New Englishes）

英語は、大英帝国の植民地政策によって、アメリカ以外にも広まっていった。北米では、1763年にフランス植民地であったカナダが英国の手中に収められた。1768年以降ジェームズ・クック（James Cook；通称Captain Cook, 1728-79）が、ニュージーランド、オーストラリアを探検し、これらの地を英領と宣言した。アフリカへの進出は、1795年に南アフリカのケープタウンのオランダの植民地を英国が占領したことにはじまる。大英帝国によるアジアの植民地化は、オセアニアやアフリカよりもずっと早く、16世紀末まで遡る。

以下では、とくにわれわれにとって関係の深いアジア・太平洋地域における英語について見ていきたい。アジアおよびアフリカにおける英語は、かつてはやや軽視される傾向にあったが、近年こうした地域の政治・経済的な影響力の向上とともに、「新英語」（New Englishes）と呼ばれ注目されている。

アジアの英語のなかで最も歴史が古いものはインド英語であろう。英国は1600年に東インド会社を設立したが、それ以降植民地化を進め、1877年には英国女王がインド皇帝を兼ねる英領インド帝国が成立した。第2次世界大戦後、インドは独立するが、植民地時代の宗主国の言語であった英語は現在でも連邦公用語のヒンディー語や17の地方公用語と並んで、補助公用語として用いられている。1950年に施行されたインド憲法では、15年後に英語を公用語から除外するとあったが、「公用語法」によって現在でも事実上

英語の公的使用は認められている。

近年は、インド人のIT関連の分野での活躍は目覚ましく、マイクロソフト、IBM、インテルといったIT企業では、エンジニアの多くがインド人である。IT分野でのインド人の優位性は、彼らの英語能力が高いことが少なからず関係していると思われる。したがって、公用語としての英語への反発はあるものの、将来的にもインドにおける英語の地位が揺らぐことはしばらくないだろう。また、インドのような多民族・多言語国家では、特定の民族の言語を採用することへの反発もあり、英語が「中立的な公用語」として機能している側面も忘れてはならない。

さて、インド英語は、英国の英語とは異なるさまざまな特徴を発達させている。インド英語には言うまでもなく、かなりの数のインド諸言語からの借用語彙がある。たとえば、chapatti（チャパティー；北インドの伝統的なパン）、crore（1000万）、lakh（10万）はヒンディー語由来であり、ryot（農民）はウルドゥー語起源である。

インド英語では、同じ英単語でも、われわれが慣れ親しんでいるイギリス英語やアメリカ英語と異なる意味で使われているものもあるので注意が必要である。たとえば、インド英語でhotelといった場合、「レストラン、カフェ」をさすことが多く、宿泊施設があるとは限らない。colonyは「植民地」でなく「住宅地、アパート」の意味で用いられる。

英米語には見られないインド英語独特の表現もあり、「履歴書」はbiodata（英米ではcurriculum vitaeまたはCV）、co-brotherは「妻の姉妹の夫」、Eve-teasingは「女性に対

する嫌がらせ」、head-bath は「洗髪」を意味する。また、インド英語では一般に婉曲で丁寧な言い回しが好まれる傾向があり、「死ぬ」という場合に die ではなく breathe one's last（息を引き取る）や leave for one's heavenly abode（天の住み処に出立する）のような言い方が用いられる。

ピジン・クレオール英語

南アジアのインドから太平洋のほうに目を移すと、かつて英国などの植民地であった地域では、英語が人びとの重要なコミュニケーションの手段として根づいている。800以上の言語が話されているといわれるパプアニューギニアでは、英語が公用語になっているが、人口の半数以上がトクピシン（Tok Pisin 'talk pidgin'）、すなわち現地語と英語の混成言語を話している。

19世紀末から20世紀初めにかけてニューギニア人はサモアやオーストラリアの農場で強制労働をさせられたが、このときに白人と現地人との間で意思の疎通をはかる言葉として、英語と現地語を混成させたいわゆるピジン（pidgin）が生まれた。これがトクピシンの母体となった。

現在、トクピシンは、パプアニューギニアで国会討論、新聞、聖書などで用いられ、それを共通語として話す人の数は100万にものぼる。また、トクピシンを母語とする人びともいる。地域に根づき母語として話されるようになったピジンは、クレオールと呼ばれる。

トクピシンでは、コラム（146ページ参照）に挙げた例のように、dok（犬）、yu（あなた）、luk(im)（見る）など英語起源の単語が用いられている。その一方、他動詞である

ことを示す動詞語尾-im（英語のhimより）や未来を表わすbai（英語のby and byの縮約）など、英語にはない独自の文法構造も見られる。したがって、トクピシンのようないわゆるピジン・クレオール英語は、英語を素材にしてはいるものの、英語とは別の新たな言語と見なしたほうがよいだろう。この点で、言語の骨格ともいえる文法構造に関しては、イギリス英語とほとんど変わらないインド英語のような英語の変種とは一線を画している。

★column──トクピシン文法入門

名詞：トクピシンでは、英語と異なり複数形の名詞に-sを付けない。wanpela dok 'one dog' に対して、tripela dok 'three dogs' といい、同じdokという形を用いる。

代名詞：1人称・3人称単数代名詞は、それぞれmiとemの形しかないので、miは 'I'、'me'、emは 'he'、'him'、'she'、'her'、'it' を表わす。一方、英語では、2人称の単数・複数形とも同じyouを使うが、トクピシンでは、単数（yu）、両数（yutupela 'you two'）、3数（yutripela 'you three'）、複数（yupela 'you all'）を区別する。

動詞：目的語をとる他動詞には、Mi lukim dok.（'I saw the dog.'）のlukim（英語のlookより）のように、トクピシン独特の接尾辞-imが付く。また、未来時制を表わす場合は、Bai mi rait.（'I will write.'）のように、baiを付ける。

形容詞：形容詞や数詞には、strongpela 'strong'、wanpela 'one' のように-pelaという接尾辞が付く。

前置詞：おもなものとしては、long（英語のalongより）とbilong（英語のbelongより）がある。longは 'at'、'in'、'on'、'to'、'from'、'with' を意味し、bilongは 'of'、'for' を表わすなど多義的である。

第6章

◆

現代の英語

English Today

◆

これまで、数章にわたって、ゲルマンの小民族によってブリテン島で話されていた英語が、その後1500年の歳月をかけて、どのように変化してきたか見てきた。英語は、さらに1900年以降も、21世紀の現在にいたるまで変化を続けている。本章では、20世紀以降、英語がどのように変容しているか見ていく。
　現代英語においても、さまざまな社会変化を反映して、膨大な数の新語が生まれている。言葉は社会を映す鏡ともいわれるが、ある時代の新語を見ることによってその時代

★新語リスト（20世紀前半）★

1900年代

airliner（旅客機）、cinema（映画、映画館）、Coke（コカコーラ）、cornflakes（コーンフレーク）、film（映画）、motor-bike（オートバイ）、motorway（高速道路）、pilot（パイロット）、radio（ラジオ）、road sign（道路標識）、smog（スモッグ）、speedometer（自動車のスピードメーター）、taxi（タクシー）、telephone（電話）、television（テレビ）、vacuum cleaner（掃除機）、windscreen/windshield（自動車のフロントガラス）

1910年代

airmail（航空郵便）、airport（空港）、cigarette girl（タバコ売り娘）、Cubism（《美術》キュービズム）、film star（映画スター）、Freudian（フロイト〈派〉の）、gas attack（毒ガス攻撃）、gas mask（防毒マスク）、Great War（〈第１次〉世界大戦）、jazz（ジャズ）、League of Nations（国際連盟）、movie（映画）、neon（ネオンサイン）、scenario（映画のシナリオ）、traffic jam（交通渋滞）、typewriter（タイプライター）

の傾向を垣間見ることができる。まずは、20世紀前半にあらわれた新語を10年ごとにリストアップしてみよう。

20世紀の最初の30年間では、自動車、航空機、ラジオ、テレビ、レコードプレーヤー、映画に関連する語彙が多く見られ、新たなテクノロジーが人びとの生活に便利さと余暇を与えたことが読み取れる。1920年代には、boogie-woogie, Levi's, pop, teenage, T-shirt など若者文化の隆盛を示すような新語が目立つ。

一方、2つの世界大戦を経験した20世紀前半（とくに

1920年代

air terminal（エアターミナル）、astronaut（宇宙飛行士）、beauty queen（美人コンテスト優勝者）、boogie-woogie（ブギウギ）、colour television（カラーテレビ）、foreplay（〈性交の〉前戯）、Hollywood（ハリウッド）、Hoover（電気掃除機）、iron curtain（鉄のカーテン；旧ソ連などの秘密・排他主義）、Kleenex（クリネックス：ティッシュペーパー）、lesbian（女性同性愛者）、Levi's（リーヴァイス：米国 Levi Strauss 製ジーンズ）、mass media（マスメディア）、motel（モーテル）、okay/okey（オーケイ）、photocopy（写真複写）、pop（ポップミュージック）、robot（ロボット）、science fiction（空想科学小説）、sex（性交渉）、sexy（セクシー）、Soviet（ソ連国民〈の〉）、teenage（ティーンエージャーの）、traffic light（交通信号灯）、T-shirt（Ｔシャツ）

1930年代

air-conditioning（冷暖房）、American dream（アメリカンドリーム）、baby-sitter（ベビーシッター）、coloured（黒人に対する婉曲表現）、cool（すてきな、いかす）、demo（デモ）、depression（不景気）、digital（ディジタル方式の）、eye shadow（アイシャドー）、gay（同性愛

1910年代と1940年代)では、A-bomb, D-Day, gas attack, gas chamber, gas mask, genocide, Great War, hydrogen bomb, Second World War といった戦争に関連する語彙が顕著である。

次に、20世紀後半に、どのような新語が登場したのか見てみよう。

1950年以降は、コンピュータをはじめとする情報科学の分野の語彙が急増し、ほかに核兵器や宇宙開発に関する新語も多い。また、若者文化がさらに影響力を増し、rock

---

〈者〉の)、G.I.(米兵)、musical（ミュージカル）、nylon（ナイロン）、pizza（ピザ）、record player（レコードプレーヤー）、seatbelt（シートベルト）、semiconductor（半導体）、soap opera（〈テレビ・ラジオの〉連続メロドラマ）、spacecraft（宇宙船）、stewardess（スチュワーデス）、supermarket（スーパーマーケット）、tape recorder（テープレコーダー）、telex（テレックス）、test-tube baby（試験管ベビー）、video（ヴィデオ）

1940年代

A-bomb（原子爆弾）、baby boom（ベビーブーム）、bikini（ビキニ水着）、computer（コンピュータ）、D-Day（攻撃開始日：第2次大戦で連合軍がノルマンディー上陸作戦を開始した日）、disc jockey（ディスクジョッキー）、fax（ファックス）、gas chamber（〈処刑用の〉ガス室）、genocide（〈特定の民族の〉大量虐殺）、hardware（コンピュータなどのハードウェア）、hydrogen bomb（水素爆弾）、jet（ジェット機）、nuclear（原子力の）、radar（レーダー）、Second World War（第2次世界大戦）、space age（宇宙時代）、spaceman（宇宙飛行士）、superpower（超大国）、teenager（ティーンエイジャー）、terrorist（テロリスト）、TV（テレビ）、United Nations（国際連合）

and roll を生み出し、hippie は伝統的な社会制度などを拒否して「自由」を求めた。時には LSD などにより幻覚的陶酔状態 (psychedelic) に浸る者もいた。

1970年代になると、工業化や大量消費社会により生じた深刻な環境破壊が大きな関心を呼び、global warming, green など環境に関する語彙も多くなっている。

1980年代では、glasnost, perestroika や Big Bang, Black Monday といった新語に大きな政治的・経済的な変動を見て取れる。

1980〜90年代では、home page, netizen, Web site, World Wide Web などインターネットの時代の到来を感じさせる語彙が目立つ。

20世紀全般についていえば、それ以前の時代ではタブー視されてきた事柄について比較的規制が緩くなった時代である。たとえば、foreplay, gay, lesbian, safe sex, sex など、性、性行為、同性愛に関する語彙も、社会の表舞台に登場してきた。こうした包み隠さぬ言語表現が許容されていく一方で、さまざまな差別・偏見の対象となってきた人びとに対しては、婉曲で差別的でない言葉遣いが求められるようになった。そうしたなかで、African-American, chairperson, -challenged などの表現が次々に生み出された。

言語学的観点から見ると、1900年以降の新語は、借用よりも語形成に頼る傾向が見られる。なかでも、LAN（=*l*ocal *a*rea *n*etwork）, radar（=*r*adio *d*etection *a*nd *r*anging）のように頭文字からなる「頭字語」(acronym)、A-bomb（=atomic bomb）, mobile（=mobile phone）のように一部を省略した

★新語リスト （20世紀後半）★

1950年代

beatnik（ビート族の若者）、brain-washing（洗脳）、cha-cha (-cha)（チャチャ〈チャ〉；マンボに似たダンス）、credit card（クレジットカード）、fast food（ファーストフード）、hippie/hippy（ヒッピー）、Holocaust（〈ナチスによる〉ユダヤ人大虐殺）、jeans（ジーンズ）、Lego（レゴ：デンマーク製のプラスチック製組立玩具）、LSD（〈幻覚剤の〉エルエスディー）、Maoism（毛沢東思想）、McCarthyism（マッカーシズム；反共運動）、mushroom cloud（〈原爆の〉キノコ雲）、NATO（北大西洋条約機構）、on-line（オンラインの）、pill（経口避妊薬）、pop art（ポップアート）、psychedelic（サイケデリックな、幻覚的陶酔状態の）、rock and roll（ロックンロール）、space station（宇宙ステーション）、sputnik（人工衛星）、think-tank（頭脳集団、シンクタンク）、UFO（未確認飛行物体）、Xerox（ゼロックス〈コピー〉）

1960年代

aerobics（エアロビクス）、African-American（アフリカ系アメリカ人）、Afro（アフロヘアー）、BASIC（ベーシック：コンピュータのプログラミング言語）、cable television（有線テレビ）、cluster bomb（クラスター爆弾）、commute（通勤）、database（データベース）、eco-（環境の、生態の）、genetic engineering（遺伝子工学）、jumbo jet（ジャンボジェット機）、miniskirt（ミニスカート）、moon walk（月面歩行）、mouse（コンピュータのマウス）、rocker（ロック歌手）、satellite television（衛星テレビ）、sexist（性差別主義者）、sitcom（〈テレビ・ラジオの〉連続ホームコメディー）、software（ソフトウェア）、soul music（ソウルミュージック）、Third World（第三世界）、unisex（男女共用の）、Wasp（ワスプ：アングロサクソン系で新教徒の白人）、Women's Liberation（女性解放運動）

1970年代

Big Mac（ビッグマック；マクドナルドの大型ハンバーガー）、boat people（ボートピープル、漂流難民）、chairperson（議長；性差別的と見なされた chairman の代替表現）、global warming（地球温暖化）、green（環境保護の）、hard disk（コンピュータのハードディスク）、heavy metal（ヘビーメタル；大音響のロック）、high-tech（ハイテク）、home video（ホームヴィデオ）、hot pants（ホットパンツ；短くぴったりした女性用ショートパンツ）、laser printer（レーザープリンター）、male chauvinism（男性優越主義）、New Wave（〈ロックミュージックの〉ニューウェーヴ）、personal computer（パソコン）、politically correct（政治的公正な）、pro-choice/pro-life（妊娠中絶合法化支持／反対の）、punk rock（パンクロック）、s/he（he or she の略形）、Silicon Valley（シリコンヴァレー；米国サンフランシスコ郊外のエレクトロニクス産業の集まった地域）、surrogate（代理母）、Thatcherism（サッチャーリズム；英国首相マーガレット・サッチャーの政治経済政策）、user-friendly（〈コンピュータなどが〉使いやすい）、virus（コンピュータウィルス）、Watergate（ウォーターゲート事件）、word processor（ワープロ）

1980年代

ableism（障害者差別）、AIDS（エイズ）、Big Bang（〈金融における〉ビッグバン）、Black Monday（暗黒の月曜日；1987年10月19日月曜日のニューヨーク証券取引所での株価の暴落）、break dancing（ブレークダンス）、BSE（牛スポンジ様脳症）、carbon tax（炭素税、二酸化炭素排出税）、CD ROM, cellphone（携帯電話）、-challenged（〜のハンディを背負った、〜が不自由な）、cyberspace（サイバースペース）、eco-friendly（環境にやさしい）、e-mail/email（電子メール）、Game Boy（ゲームボーイ；任天堂の携帯ゲーム機）、glasnost（グラスノスチ、〈ソ連の〉情報公開政策）、glass ceiling（ガラス天

井；昇進を阻む目に見えない人種・性的偏見)、hacker（コンピュータハッカー)、HIV（ヒト免疫不全ウィルス；エイズの原因ウィルス)、Internet（インターネット)、IT（情報テクノロジー)、LAN（〈コンピュータの〉ローカルエリアネットワーク)、mobile（移動〈携帯〉電話)、netizen（インターネット利用者)、Pac-Man（パックマン；日本のナムコ製のヴィデオゲーム)、perestroika（ペレストロイカ；ソ連のゴルバチェフ政権が推し進めた政治・経済の改革)、safe sex（セーフセックス；エイズなどの予防のためコンドームなどを使った性行為)、vaccine（ワクチン；コンピュータウィルスを検出・除去するプログラム)、Walkman（ウォークマン)、yuppie（ヤッピー；第2次世界大戦後のベビーブームの時に生まれた若手都会エリート)

1990年代

Clintonomics（米国大統領ビル・クリントンの経済政策)、cybercafé（サイバーカフェ)、Dianamania（〈1997年の自動車事故死以降の〉英国皇太子妃への熱狂)、DVD（ディジタルヴァーサタイルディスク)、ethnic cleansing（民族浄化；とくに1992年に激化したボスニアーヘルツェゴヴィナ内戦でセルビア人勢力が行ったもの)、European Union（欧州連合)、FAQ（frequently asked questionsの略)、feminazi（急進的なフェミニストへの蔑称)、Gulf War syndrome（湾岸戦争症候群)、home page（ホームページ)、Java（ジャヴァ；プログラミング言語)、millennium bug（コンピュータの2000年問題)、mouse potato（コンピュータばかりいじっている人)、screen saver（〈パソコンなどの〉スクリーンセイバー)、tamagotchi（たまごっち)、twigloo（枝小屋；環境保護運動家が森林伐採を阻止するために泊まり込む木の枝で作った小屋)、Web site（ウェブサイト)、World Wide Web（世界規模の情報ネットワーク)

もの、motel（=*mo*tor + *ho*tel）, smog（=*smo*ke + *fog*）のように2つの語をいわば圧縮した「混成語」（blend）など、語を短くする傾向が顕著である。これは、大量の情報を即時に伝えるという現代社会のニーズを反映したものといえる。

　本章では、英語と現代英米社会とのかかわりについて見ていく。なかでも、科学技術の進歩、環境問題への関心の高まり、人種・性・身体障害による差別の撤廃運動が現代英語にどのような影響を与え変容させてきたのかという問題を、英語の語彙に焦点を当て考察していきたい。

I　科学技術の進歩

　20世紀後半から今日まで、コンピュータを中心とする情報技術（information technology, 略IT）の発達は目を見張るものがある。そうした技術の進歩にともない、新たな概念・事物が生まれると、それに対応して新語が造られたり、あるいは既存の語の意味が変えられたりする。ITの中心は、現在、米国であるので当然のこととして、この分野の新語形成には英語が中心的役割を担うことになる。まずはじめに、コンピュータ関連の分野で生まれた新たな英語表現を見ていきたい。

コンピュータ

　computer という語が英語に最初にあらわれたのは、1646年であるが、当時は「計算・算定する人」を表わした。「電算機、コンピュータ」の意味でcomputer が使われは

じめたのは、1941年頃からである。以降、computer fiction, computer game, computer graphics, computer science, computer scientist, personal computer など、computer を含むおびただしい数の新語が生まれた。computer fiction は、テレビゲームの一種であり、プレーヤーは話の筋を選択することによって物語に参加することができる。interactive fiction（双方向小説）とも呼ばれる。

ENIAC（エニアック） 1946年にペンシルヴェニア大学で開発された世界最初期のコンピュータ。*E*lectronic *N*umerical *I*ntegrator *A*nd *C*alculator（Computer）の略。9m×15mの部屋を占有し、重さは50トンにも及んだ

パソコンの普及によって、コンピュータは、専門家だけでなく、一般の人にも急速に浸透していき、いわゆる「コンピュータおたく」と呼ばれる人もあらわれている。そうした人を英語では computer junkie（コンピュータ中毒者）、computerholic（コンピュータ中毒者）、mouse potato（パソコン狂）と呼ぶ。computerholic は、computer に alcoholic から造られた連結形 -holic（～中毒者）を付けた言い方である。

mouse potato という面白い表現は、couch potato（長いす〈couch〉に座ってテレビ、ヴィデオばかり見ている人）をまねた表現で、さしずめ「コンピュータのマウスを手にパソコン画面ばかり見ている人」を表わしている。

ところで、mouse は古英語以来、英語にある単語であ

るが、パソコンなどの「マウス」をさすようになったのは1965年以降である。また、「ネズミ」の意味の mouse の複数形は通常 mice であるが、コンピュータ用語として使われる場合は、mouses という複数形が用いられることがある。

コンピュータ機器のほうも、多くの一般人にとって使いやすいように、つまり user-friendly なものに年々改良が加えられている。この表現は、1977年初出で、当初はコンピュータに関して用いられたが、その後は user-friendly camera や user-friendly guide のようにコンピュータ以外のものに対しても使われるようになった。

この表現をきっかけに、customer-friendly（顧客にとって便利な）、environment-friendly（環境にやさしい）、ozone-friendly（オゾン層を破壊しない、フロンなどを使っていない）、reader-friendly（読者にやさしい、読みやすい）など、いろいろな分野（とくに環境保護の分野）で、-friendly を要素とする新語を生み出している。

一方、コンピュータ全盛の時代は、それに恐怖・嫌悪感を抱く人びと、すなわち computerphobe（コンピュータ恐怖症〈不信〉の人）も生み出している。

しかし、現代社会で生きていくためには、ある程度コンピュータを使いこなす能力を身に付けていることが要求されるだろう。

「コンピュータ使用能力」を表わす語として、computer literacy（形容詞形は computer-literate）という語も登場した（literacy という語は、もともとは「読み書きの能力」を表わす）。この複合語は、最初の部分と末尾の部分を結び付け

★column──かばん語

ハンプティダンプティ『鏡の国のアリス』から

computeracy や先に触れた motel や smog のように2つの語を短縮して合体させた混成語は、ルイス・キャロル（Lewis Carroll；本名 Charles Lutwidge Dodgson, 1832－98）の『鏡の国のアリス』（*Through the Looking-Glass*, 1872）にも見られる。アリスが Jabberwocky という「ちんぷんかんぷんな」詩の一節に出てくる slithy という語の意味を尋ねると、ハンプティダンプティ（Humpty-Dumpty）は得意げに、それは *sl*imy（ぬるぬるした）と *l*ithe（しなやかな）を合体させたもので、2つの意味が1つの語に詰め込まれている「かばん」（portmanteau）のような言葉であると説明する。ここから、混成語を「かばん語」（portmanteau word）と呼ぶことがある。キャロルの創造したかばん語には、ほかに galumph（意気揚々と歩く←*ga*llop ＋ tri*umph*）がある。

以下に挙げた語は、いずれも混成語であるが、それぞれについて、省略が行われる前の形がなんであるか考えてみよう（例 smog ＝ *sm*oke ＋ *fog*）。

Japanimation, Muppet, netiquette, Singlish, spork

答：Japanimation＝*Japan* ＋ an*imation*（日本製アニメ）； Muppet＝*ma*rionette ＋ *puppet*（マペット；腕と手指で操る人形）； netiquette＝*net*work ＋ *etiquette*（ネットワーク上のエチケット・マナー）； Singlish＝*Sing*aporean ＋ Eng*lish*（シンガポール英語）； spork ＝ *sp*oon ＋ *fork*（先割れスプーン）

た computeracy（←*compu*te*r* + *literacy*）という混成形でも用いられる。

インターネットの英語

急速に進歩する情報科学技術のなかで、現代の社会・生活に最も大きな影響を与えているのは、World Wide Web（WWW）や電子メール（email）などのインターネットであることは間違いないであろう。

パソコンや携帯電話を使ってインターネットにアクセスし、ニュース、天気、交通情報をチェックしたり、飛行機・列車の切符を予約したり、書籍・CDを購入したり、YahooやGoogleを使ってさまざまな検索をする。また、電子メールで仕事上のやりとりや友人・家族との連絡をしたり、チャット（ネット上の会話）やsocial network service（ソーシャル・ネットワーキング・サービス）で趣味・嗜好・意見を同じくする人とネット上で交流する。こうした活動は多くの人にとっての日常生活の一部になりつつある。現代社会に生きる人びとは、インターネットのネットワークで結ばれた市民、つまりnetizen（*net* + *citizen*の混成）となったのである。

インターネットで最も使用されている言語は英語であるので、インターネットは、当然英語にも少なからぬ影響を与えている。インターネットで用いられる英語は、ネットスピーク（netspeak）とも呼ばれるが、そこでは、さまざまな特徴が見られる。なお、netspeakという語は、ジョージ・オーウェル（George Orwell, 1903−50）が1949年に発表した未来小説『1984年』（*Nineteen Eighty-Four*）で用い

られている newspeak(ニュースピーク;政府役人が世論操作・思想統制を行うために用いる曖昧で欺瞞的(ぎまん)な言語)に倣った造語である。

　電子メールやチャットでは、手紙と比べて、やりとりのスピードが重視され、携帯電話のメールでは、スペースや文字数に制約がある。このためメールやチャットでは、省略表現が頻繁に用いられる。たとえば、FAQ (=*f*requently *a*sked *q*uestion), FYI (=*f*or *y*our *i*nformation), AFAIK (=*a*s *f*ar *a*s *I* *k*now), BTW (=*b*y *t*he *w*ay), IDK (=*I* *d*on't *k*now)などの略語は英語のメールでしばしば目にする。CU (=see you), F 2 F (=face-to-face), GR 8 (=great) などは同音性を利用した省略である。

　また、文字入力の手間をできるだけ省くため、電子メールやチャットでは、ピリオド、コンマ、クエスチョン・マークなどを使わなかったり、大文字と小文字を区別せずに、

john are you going to london next week (=John, are you going to London next week?)

と書いたりする。

　一方、ネット上では、音声言語がもつ強弱・抑揚を用いた微妙な感情的ニュアンスが伝わりにくいという側面がある。そのため、This is a VERY important point. のように大文字を使ったり、This is a ｖｅｒｙ important point. や This is a *very* important point. のように、スペースや星印を使って強調、強い感情を相手に伝えることもある。

　ネット上のコミュニケーションで、送り手の感情を伝え

る手段としては、ほかに、キーボードにある文字・記号を組み合わせて作る「顔文字」も重要な役割を果たしている。こうした「顔文字」は、emoticon (*emotion* + *icon* の混成) または smiley と呼ばれる。コロン (:)、ハイフン (-)、右括弧を組み合わせた **:-)** は、(90度横倒しになった)「笑顔」を示す。ほかに、しかめ面の **:-(** は「悲しみ、不満」、大きく口を開けた **:-O** は「驚き」、舌を出した **:-P** は「冗談」を表わすなど多種多様である。したがって、

I failed the exam **:-P**

は、「試験落ちた……冗談だよ」というメッセージとなる。なお、日本で用いられる顔文字は、笑顔を表わす (^_^)

★column——＠の呼び名

電子メールのアドレスで用いられる＠という記号は、もともと商業取引における明細書・請求書などで用いられた。たとえば、＠＄200は「単価200ドル」を意味する。しかしこの記号は、電子メールの普及によって広く一般にも認知されるようになった。日本では、「アットマーク」と呼ぶが、これは和製英語である。英語では、at symbol, at sign あるいは単に at と呼ぶ。

＠は国ごとにさまざまな名称があり、韓国語では「カタツムリ」、中国語(台湾)では「小さなネズミ」(小老鼠)、イタリア語では「カタツムリ」、デンマーク語やスウェーデン語では「象の鼻」(スウェーデン語では「シナモンロール」とも呼ばれる)、ドイツ語では「クモザル」という。なお、中国大陸で用いられている標準中国語では、＠を「愛他(アイ・ター)」と呼ぶが、これは英語の at (アット)を音訳したものである。

のように横倒しでない正位置が普通である。

コンピュータ犯罪

コンピュータ技術の進歩により、以前では考えられなかった由々しき事態も生じている。コンピュータを使った犯罪、すなわち computer crime が近年増加している。そうした犯罪にかかわる人を英語では、computer criminal, cracker, hacker という。コンピュータ犯罪者のなかには、コンピュータのシステム・情報を破壊するようなプログラム、つまり computer virus（コンピュータウィルス）を作り出す者もいる。

有害なプログラムは、worm（ワーム）とも呼ばれるが、その対策として、virus checker や antivirus program など、コンピュータウィルスを検出・除去するプログラムが開発されている。こうしたプログラムはウィルスからコンピュータを守ることから vaccine（ワクチン）ともいわれる。なお、18世紀末に「牛の」を意味するラテン語形容詞から借用された vaccine という語は、エドワード・ジェンナー（Edward Jenner, 1749−1823）の発明した「（天然痘予防のための）牛痘種痘、種痘に用いるワクチン」を意味したが、コンピュータ用語としての初出は1986年である。

生命科学・工学の進歩

20世紀から今世紀にかけて、情報技術と並んで進歩の著しいのは、医学、遺伝子工学を含む生命科学・工学の分野である。医学の分野では、artificial insemination（人工授精）や in vitro fertilization（体外受精）の技術の進歩によ

って、それまで想定できなかった事態が起こっている。

日本や米国では、病気などによって子どもができない娘夫婦のために娘の母親が代理出産したというケースが報告されている。この場合、遺伝的な母親は娘になるが、おなかを痛めたのは祖母ということになり、祖母はいわゆる「代理母」(surrogate mother) となる。カリフォルニア州など一部のアメリカの州では、代理出産は合法化されている。

surrogate mother の家系図

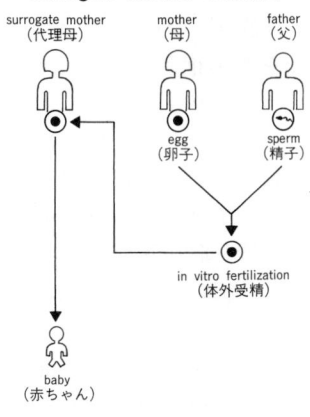

surrogate mother（代理母） ← egg（卵子） mother（母）　sperm（精子） father（父）
in vitro fertilization（体外受精）
baby（赤ちゃん）

英語では、他人の子のために子宮を貸すことを意味する rent-a-womb という表現も生まれている。これは、もちろん rent-a-car をもじった言い方である。

最近の医療では、臓器移植 (organ transplant) の技術の進歩も著しいが、このことは人間の「死」の定義に複雑な問題を投げ掛けている。つまり、臓器移植を有効に行うためには、脳機能は停止しているが、心臓などの臓器はまだ活動している人からの臓器の取り出しが必要となる。したがって、臓器移植の現場では brain death (脳死) をもって人間の「死」と考えるが、それに心理的抵抗をおぼえる人も少なくない。

一方、さまざまな生命維持装置 (life sustaining system) が発達したことから、いわゆる植物状態でも生命を維持す

ることができるようになった。それにともない、患者本人や親族などの意思にしたがって、無理な延命治療をやめて死を選ぶ権利、すなわち death with dignity（尊厳死）という考え方も出てきた。

1976年に、アメリカのニュージャージー州最高裁判所で、植物状態に陥り生命維持装置を付けられていたカレン・アン・クインラン嬢（Karen Ann Quinlan, 1954-85）からその装置を取り外すことを認める判決が出された（カレン嬢は、生命維持装置を外された後も、9年間植物状態のまま生き続けた）。この裁判の数ヵ月後に、カリフォルニア州において、世界で初めて living will（リヴィングウィル）を作成する権利が認められた。リヴィングウィルとは、末期状態になったときに延命治療を施さず、尊厳死を望むことを意思表示した文書である。

また、末期がん患者などに対しても延命がかえって本人の苦痛を増すことから、薬物などを積極的に投与して死期を早めるか、あるいはあまり意味のない延命措置をとらないこともある。前者は active euthanasia（積極的安楽死）、後者は passive euthanasia（消極的安楽死）と呼ばれる。

euthanasia という語は、1646年に英語にあらわれるが、当初は「（眠るように死ぬ）極楽往生」を意味した。現在の「安楽死」の意味で用いられるようになったのは1869年からである。なお、「安楽死」（mercy killing, doctor-assisted suicide ともいう）は、米国の一部の州、オランダ、ベルギーなどで法律的に認められている。しかし、安楽死や尊厳死の法制化に対しては、そうした名のもとで、殺人や自殺幇助が一般化する可能性があると懸念する意見もある。

第6章　現代の英語

　現代社会では、医学・医療技術が日進月歩であるが、完全な治療法がまだ見つかっていないAIDS（エイズ）のような重大な病気・疾患も新たにあらわれ、急速に広まっている。AIDSは、*A*cquired *I*mmune *D*eficiency *S*yndrome（後天性免疫不全症候群）の頭文字をとった頭字語であるが、HIV（*H*uman *I*mmunodeficiency *V*irus ヒト免疫不全ウィルス）によって起こる疾患である。

　AIDSは、とくに不特定多数の人との性的接触によって拡がっていくため、予防のためにコンドームの使用が推奨され、condom awareness, condomania（コンドームに対する異常な関心）を生み出した。また、AIDSが広まった初期の頃、患者に同性愛者が多かったことから、AIDSはgay plague（同性愛者の疫病）とも呼ばれた。

　AIDSの患者は、さまざまな偏見にさらされてきたが、近年では彼らの人権を尊重する動きも強まっている。たとえば、エイズ患者は、AIDS victim, AIDS sufferer, AIDS patientと呼ばれることが多かったが、最近ではこうした病気に苦しんでいるといったマイナスイメージをともなわないperson with AIDS（エイズとともに生きる人、略してPWA）という言い方も広まっている。

クローン

　生命科学の分野では、いわゆるクローン技術（cloning）の進歩により、植物だけでなく動物についても、無性生殖により遺伝的に同一の個体を作り出すことが行われている（cloneは、「小枝、挿し木」を意味するギリシア語に由来する）。そして、1996年スコットランドにおいて、世界初の哺乳類

のクローンである雌羊が誕生した。乳腺細胞を用いたクローンであったため、(豊満なバストで知られる) 米国のカントリー歌手ドリー・パートン (Dolly Rebecca Parton, 1946-) にちなみ、ドリー (Dolly) と名付けられた。

しかし、この技術を人間に対して応用することに対しては、多くの技術的な問題のみならず、倫理上の問題があり、世界各国ではヒトクローンを規制・禁止する法整備が行われている。

世界初のクローン羊ドリー 2003年に6歳で死んだ。エディンバラの王立博物館にその剥製が展示されている Yomiuri Shinbunsha

II 環境問題

20世紀は、過剰な生産・消費、乱脈な開発により未曾有の環境破壊が進んだ時代ともいえる。

石油・石炭などの化石燃料の燃焼により、世界各地で acid rain (酸性雨) による森林の立ち枯れが報告されている。また、自動車などの排気ガスに含まれる二酸化炭素が地球を覆い、外に太陽の熱を逃がさないため、地球が温室のように温暖化する現象も生じた。こうした現象は、greenhouse effect (温室効果) や global warming (地球温暖化) と呼ばれる。

冷蔵庫などの冷媒やスプレー缶などに含まれるフロンによって、成層圏のオゾン層に ozone hole (オゾンホール)

があき、人体などに有害な紫外線が地上に届くといった深刻な問題も生じている。そのため、フロンを使わない冷媒やスプレーなど、ozone-friendly（オゾン層にやさしい）商品が開発されている。

　こうした状況のなか、20世紀の後半以降、環境保護を訴える動きが強まり、環境に対する意識、つまり eco-awareness も高まっている。

　eco- はこうした時流を反映して、ecoactivist（環境保護運動家）、eco-friendly（環境にやさしい）、eco-labeling（エコ表示; 環境にやさしい商品であることを表示すること）、ecostore（環境にやさしい商品のみを売る店）、Ecotopia（環境面での理想郷）、ecotourism（環境保護志向の観光）など新語を次々に生み出している。

　1971年には、国際的な環境保護団体の Greenpeace（本部アムステルダム）が設立された。ヨーロッパでは地球環境保護を掲げる政党 Green Party（緑の党）が躍進し、ドイツでは1998年から2005年まで社会民主党と連立政権を組むまでに勢力を拡大した。そして、eco- とともに green という語は、環境保護運動のキーワードとなり、greenie/greenster（環境保護運動家）、greenism（環境保護主義）、green labeling（＝eco-labeling）、greenwash（企業が環境保護に積極的であることを示すために行う寄付・広報活動）、dark green（環境保護を唱える）、deep green（＝dark green）、ungreen（環境問題に無関心な、環境に害のある）が新たに造語された。

III 差別撤廃運動

ポリティカル・コレクトネス

20世紀後半以降は、環境保護の意識が強まってきたが、社会における差別・偏見を是正する動きも欧米を中心に広まっていった。とくに、米国では、1980年代以降、ポリティカル・コレクトネス（political correctness, 略PC）の名のもとに、これまで社会のなかで差別にさらされてきた人びとの権利や文化を尊重し、そうした人びとを傷つける言動を排除しようとする動きが顕著になっている。

現代社会にあるさまざまな差別のなかで、とくに注目されてきたのは、ableism（障害者差別）、racism（人種差別）、sexism（性差別）である。なお、-ismという接尾辞は、もともとPuritanism（清教主義）、Marxism（マルクス主義）など「主義、信条」を表わす場合に使われたが、20世紀後半以降は、さまざまな差別や偏見をさす語を造り出している。

たとえば、ag(e)ismは「年齢による差別」をいうが、とくに老人に対する差別を意味する場合が多い。また、最近、米国では、その人の能力に関係なく一定の高年齢に達したということだけで仕事を辞めさせる定年制がag(e)ismという批判を受ける恐れがあるため、それを回避する企業・学校がある。

以下では、PCという運動が英語にどのような影響を与えているかについて、障害者差別・人種差別・性差別の3つを中心に考えてみたい（性差別については次節で取り上げ

る)。とりわけ、どのような英語表現が差別的だとされてきたのか、また、そうした表現を避けるためにどのような代替表現が提案されているのかを詳しく見ていく。

障害者差別

「手足の不自由な人」を表わす英語として、かつてはcripple が用いられることが多かった。しかし、現在ではこの表現は、侮辱的なニュアンスがあるため避けられる傾向にある。英語学習者にも引きやすい英英辞典として評価の高い『ロングマン現代英英辞典』(*Longman Dictionary of Contemporary English*, オンライン版 http://www.ldoceonline.com/) で cripple を引いてみると、'now considered offensive'(現在では侮辱的)という注意書きがある。

それでは、そのような人を表わす場合、どのような表現を用いればよいのだろうか。差別的ニュアンスの少ない婉曲表現として、the disabled(障害者)、the handicapped(障害者)、people with disabilities(障害のある人びと)が使われることが多い。だが、これらの表現については、障害者の障害の部分にのみ注目し、彼らがもっている(かもしれない)ほかの優れた能力をないがしろにしているとの指摘もある。そこで、より進んだPC表現として、physically different people(ほかの人と身体的な違いがある人びと)、さらには differently abled(ほかの人とは異なる能力をもった)や physically challenged(身体面で挑戦を受けて〈立って〉いる、身体的困難に立ち向かっている)のように、障害者をより肯定的に捉える表現も提案されてきている。

「目の不自由な人」、「聾啞(ろうあ)の人」を表わす英語 blind, deaf, dumb も差別的と見なされることが多く、侮辱的ニュアンスの少ない表現の使用が奨励されている。blind に対しては、with seeing difficulties（視覚的困難をもつ）、visually impaired（視力の弱まった）など、deaf に対しては、with hearing difficulties（聴覚的困難をもつ）、hearing impaired（聴力の弱まった）など、dumb に対しては、mute（口のきけない）などの婉曲表現が提案されている。ただし、blind, deaf, dumb という語に対する反応には、「温度差」があるようで、『ロングマン現代英英辞典』では dumb にのみ 'offensive' というレッテルが貼られている。

ところで、新約聖書の「マタイ伝」（9章32節）には、「悪霊に取りつかれて口の利けない人」が登場するが、かつては a dumb demoniac となっていた。しかし、1980年代以降に出版された米国系の英訳聖書では a demoniac who was mute や a man who could not talk に書き改められている。

一方、1980年代末に出版された英国系の聖書では a man ... who was dumb and possessed by a demon となっており、dumb の使用が続いている。一般に、英国では、さまざまな差別制度の撤廃に関して積極的な施策がなされているが、言語面に関しては、差別表現をほかの婉曲表現で言い換えることには米国に比べて慎重のようである。

差別的意味合いを弱めるために考案された婉曲表現に対しては批判もある。一つには、たとえば、people with disabilities や visually impaired という表現からは、いったいどこに障害があるのか、あるいはその障害の度合いはど

の程度なのかがはっきりしない点である。また、言語表現だけ変えても社会における偏見がなくならなければ、婉曲表現を使うことでかえって差別的な現実を覆い隠すことになるという意見もある。さらに、文体的観点からも、婉曲表現は、一般に元の表現と比べて、冗長でぎこちないといった問題がある。

★column──-challenged を用いた PC 表現

以下に挙げた例のうち、aesthetically challenged, horizontally challenged, vertically challenged などは、非差別語として真面目に提案されたというよりも、差別語の使用に目くじらを立てる「言葉狩り」を揶揄するニュアンスがうかがえる。

aesthetically challenged:
　　美的困難に立ち向かっている、容姿が劣った（ugly）
aurally challenged:
　　聴覚的困難に立ち向かっている、耳の聞こえない（deaf）
chronologically challenged:
　　年齢的困難に立ち向かっている、年配の（old）
financially challenged:
　　経済的困難に立ち向かっている、破産した（broke）
horizontally challenged:
　　水平方向への困難に立ち向かっている、太った（fat）
optically challenged:
　　視覚的困難に立ち向かっている、目の見えない（blind）
vertically challenged:
　　垂直方向への困難に立ち向かっている、背の低い（short）
visually challenged:
　　視覚的困難に立ち向かっている、目の見えない（blind）

人種差別

　1994年6月、アメリカン・フットボールの元黒人スター選手 O. J. シンプソン（O. J. Simpson, 1947-）の元妻がその男友達とともに自宅で殺害され、血痕などの物証があるとして、シンプソンが逮捕された。シンプソンは、1985年にはプロフットボール殿堂入りした花形選手であったので、このニュースは全米中に衝撃を与えた。この事件の裁判は「世紀の裁判」（Trial of the Century）と呼ばれ注目を集めたが、事件担当刑事がシンプソン被告に対して nigger という侮蔑語を発しているテープが公表されてから大きく流れが変わった。そして、ついに、翌1995年、ロサンゼルス上級裁判所陪審は、シンプソン被告に無罪の判決を下した。「黒人」に対する差別的な表現は、nigger のほかにも negro（この語から nigger が派生）、colored people（もともとは婉曲表現）がある。現在では、こうした語は決して公の場で使うことができないタブーである。

　アメリカ人作家マーク・トウェインの古典で、多くの子どもに親しまれてきた『ハックルベリー・フィンの冒険』にも、黒人に対する侮蔑語 nigger が頻出することから、米国のいくつかの州・地域ではこの本を認定教科書から除外する動きもあった。

　英国の探偵小説作家アガサ・クリスティー（Agatha Christie, 1890-1976）の『そして誰もいなくなった』(1939) は、原題が *Ten Little Niggers* であったが、nigger という差別色のある語を考慮して、のちに *And Then There Were None*（邦題はこれに基づく）と改題された。

第6章　現代の英語

1950年代から60年代にかけて、米国における公民権運動（American Civil Rights Movement）の高まりとともに、黒人を差別する社会制度が是正・撤廃されていく。それにともない、黒人を表わす表現として、a black, a black person, black people, Afro-American, African-American などが差別色の少ない表現として生まれた。80年代半ばまでは、black という語がよく用いられたが、その後は African-American が「（米国の）黒人」をさす表現として最も広く使われている。

O. J. シンプソン San Francisco 49ers 時代（1979年）．OJ（オージェイ）の愛称で親しまれたが，OJ は orange juice の略語でもあり，Juice というニックネームもあった　AP Images

ところで、「白人」を表わす語としては、a white, a white person があるが、white という言葉は時に黒人との対立を連想させるので、Caucasian という語が用いられることもある。

ネイティヴアメリカン

米国では最近「アメリカインディアン」に対して、American Indian という言い方を避ける傾向にある。この名称は、コロンブスがアメリカに到達したとき、そこをインドと誤認したことによる。現在では、公式の場などでは、American Indian に代わる表現として、Native American（アメリカ先住民）が用いられることが多い。これは、彼ら

がアメリカ大陸先住民であることに敬意を払った言い方である。

1992年に、アメリカン・フットボールの最高峰のスーパーボウルで、ワシントンレッドスキンズ（Washington Redskins）が勝利したが、そのとき、ネイティヴアメリカンに対する侮蔑表現である redskin がやり玉に挙がり、チーム名を変えるべきか否かという議論が沸き上がった。ただし、その後もチーム名はそのままである。

また、大リーグのチームでオハイオ州のクリーヴランドを本拠地とするインディアンズ（Cleveland Indians）の名称に対しても同様な批判が一部にあるが、黒人に対する場合と比べるとネイティヴアメリカンに対する差別語への対応は鈍いようである。

ほかの人種差別語

英語では、ユダヤ人に対する差別語も多く、yid（Yiddish〈イディッシュ語〉より）, jewboy, Ike, Ikey, Iky などがある。Ike, Ikey, Iky は、ユダヤ男性名に多い Isaac の略称で、侮蔑的に「ユダヤ男」を意味する。Jew という語も注意が必要で、「ユダヤ人」のほかに「強欲な人」、「抜け目ない商人」といった悪い意味もあるので、He is a Jew. というよりは、形容詞形を使って He is Jewish. と言ったほうが無難である。

日本人に対する英語の軽蔑表現としては、Jap, Nip（Nippon より）がある。興味深いことに、かつては英語辞書の語源欄で日本語由来の英語を説明する際、略語として Jap. が使われることが多かったが、最近では避けられる

傾向がある。たとえば、イギリスから出版されている中型英英辞典の *Concise Oxford Dictionary* の第8版（1990年）では、日本語からの借用語には Jap. という表示が付いていたが、第9版（1995年）以降は Japanese のように略さず表記されている。

また、直接人種を表わす言葉ではないが、mongolism（蒙古症）という語も、そうした症候群を不適切にモンゴル人種に結び付けるため避けられる。近年では Down's syndrome（ダウン症候群）が用いられる。この名称は、1866年にこの症候群について発表した英国人医師ジョン・ダウン（John L. H. Down, 1828-96）にちなむ。

米国では、社会におけるさまざまな組織・機関への採用に関して人種差別がないかチェックする ethnic monitoring（少数民族のモニタリング）も行われている。そして、これまで差別を受けてきたマイノリティーや女性を雇用・高等教育などで優遇する措置、すなわち affirmative action（積極的差別是正措置）が取られることが多い。

ところで、英国の児童文学作家 J. K. ローリング（J. K. Rowling, 1965-）のファンタジー『ハリー・ポッター』シリーズには、英国版のほかに米国版があるが、両者は微妙に異なっている。第1巻『ハリー・ポッターと賢者の石』（*Harry Potter and the Philosopher's Stone*, 1997）は、米国版では、タイトルにおける philosopher という語がアメリカ英語では「錬金術師」ではなく「哲学者」を連想させるとして、sorcerer（魔法使い）に置き換えられている。

さらに、ホグワーツ校の新入生たちが寮へ振り分けられる場面で、英国版とは異なり米国版では黒人の少年（Dean

★column──米国版『ハリー・ポッター』

英版『ハリー・ポッターと賢者の石』の組み分けの場面（第7章）を見ると、振り分けの終わっていないリサ・タービン、ロン、ブレーズ・ザビニの3人について以下のような描写がある。

And now there were only three people left to be sorted. 'Turpin, Lisa' became a Ravenclaw and then it was Ron's turn. He was pale green by now. Harry crossed his fingers under the table and a second later the hat had shouted, 'GRYFFINDOR!'. . . 'Zabini, Blaise' was made a Slytherin

組み分けがすんでいないのは残り3名だけとなった。リサ・タービンはレイブンクロー寮に決まった。次はロンの番。ロンの顔色は青ざめていた。ハリーはテーブルの下で幸運のまじないとして中指と人差し指を重ねた。まもなく、帽子が「グリフィンドール寮！」と叫んだ。〈中略〉ブレーズ・ザビニはスリザリン寮になった。

英国版表紙

Thomas) を付け加えているが、これは（やや行き過ぎた）affirmative action といえようか。なお、ディーン・トマスは英国版にも別の場面で登場するが、黒人という指定はない。

Ⅳ　性差とフェミニズム

性差別

1960年代から、米国では、黒人に対して白人と同等の法

第6章 現代の英語

> 米国版では、最初の文のあとに次のような一節が挿入され、ディーン・トマスが登場している。
>
> "Thomas, Dean," a Black boy even taller than Ron, joined Harry at the Gryffindor table.
> 　ロンよりもさらに背の高いディーン・トマスという黒人の少年がハリーと一緒になり、グリフィンドール寮のテーブルについた。
>
> 　米国版では組み分けの終わっていない子どもは、リサ・ターピン、ロン、ブレーズ・ザビニにディーン・トマスを加えた4名となるはずである。しかし、米国版では、最初の文章は And now there were only *three* people left to be sorted. のままで辻褄が合わない。
> 　ハリー・ポッターの「アメリカ化」については異論も出ている。"Harry Potter, Minus a Certain Flavour"(『ニューヨークタイムズ』2000年7月10日) という記事では、アメリカ版では原作の「趣き」(flavour) が失われてしまったと批判している。なお、この記事のタイトルに flavor でなくイギリス式綴り flavour が用いられていることにも注意。
>
> **米国版表紙**

律的な地位を与えることをめざした公民権運動と連動して、女性に対する差別をなくし、男女平等の社会を志向する女性解放運動 (Women's Liberation Movement) も高まりを見せた。なかでも、米国の女権拡張論者ベティ・フリーダン (Betty Friedan, 1921−2006) の著書『新しい女性の創造』(*The Feminine Mystique*, 1963) は、1960年代のベスト・セラーとなり、現代のフェミニズム運動の礎を築いたといわれる。

こうした動きのなかでは、社会・政治制度における男女の格差を是正するだけでなく、言葉における性差別も問題となった。以下では、フェミニストたちの批判の的となった英語表現について紹介し、なぜそれが差別的なの

B. フリーダン 旧姓は Goldstein. 1947年に Carl Friedman と結婚し改姓. しかし, -man を避けるためか, 'm' を落として Friedan と名のった　AP Images

か、また、それに代わる表現としてどのようなものが提案されてきたかを見ていこう。

chairman は男性か

まず、フェミニストたちの批判の矛先が向けられたのは、chairman（議長）などの -man を含む複合語である。man は、「人、人間」という意味で用いられるが、「男」という意味もある。そのため、chairman という語を用いると、常に「男性」のイメージを喚起し、「議長」という職務に女性が就くことを阻害する可能性があるとフェミニストは主張する。そこで、「性別に関して中立な」(gender-neutral) 表現として、chairperson, chair, chairone などが提案された。ほかに、chairman を「男性議長」に限定し、「女性議長」に対しては chairwoman を用いるという方法もある。

-person は、その後、statesperson（政治家; statesman の代替表現）、salesperson（販売員; salesman の代替表現）、

spokesperson（スポークスマン; spokesman の代替表現）など多くの新語を生み出している。しかし、chairperson は、おもに「女性の議長」をさすときに使われ、必ずしも性別に中立な語としては機能していないという指摘もある。

また、woman（wife-man〈女性の人〉のつづまった形）や women についても、-man, -men が含まれていることから、「男」から解放された womon やその複数形 womyn, wimmin が一部フェミニストから提案された。

『ニューヨークタイムズ』のコラムニストで、2度にわたりピューリツァー賞を受賞したラッセル・ベーカー（Russell Wayne Baker, 1925−）は、'Nopersonclature' と題するコラムのなかで、語中に man, men を含む nomenclature（学術用語）、manners（行儀）、mantle（マント、外套）、amen（アーメン）の代替表現として、それぞれ nopersonclature, personners, persontle, aperson を造語している。これはもちろん一連の -person 表現を揶揄したジョークである。nomenclature, manners, mantle, amen の man-, -men は、「人、男」を意味する man, men とは語源的にまったく関係がないからである。

ところで、nopersonclature は、nomenclature を no-menclature と（意図的に）誤って分析することによって生まれた言葉である。同様な例として、herstory（1970年初出）という語が挙げられる。この語は、history（ギリシア語の historía をフランス語経由で借用したもの）を語源とは異なり his-story と分析し、his を her に置き換えたものである（このように、ある語を語源とは異なる形で、意図的あるいは非意図的に分析することを「異分析」〈metanalysis〉という）。

フェミニストによるこの造語には、従来の歴史は男性 (his) の視点から述べられものであり、それを女性 (her) の視点から捉え直さなければならないというメッセージが込められている。

女性を表わす接辞

man とは逆に、女性を連想させる -ess などの接尾辞の使用も、とくに女性であることを明示する必要のない場合、最近では回避される傾向にある。旅客機の女性客室乗務員のことを以前は、stewardess といったが、現在は男女を区別しない flight attendant, cabin attendant（客室乗務員）が普及している。

同様に woman doctor（女性医師）、female lawyer（女性弁護士）、girl athlete（女子運動選手）といった表現よりも簡潔に doctor, lawyer, athlete と表わすほうが好まれる。また、米国などでは、housewife（主婦）の代わりに性別を連想させない homemaker という表現が用いられることがある。これは、「家（house）と妻（wife）を結び付けた」housewife という語が、女性の社会進出を阻害しかねないと考えられたためである。

ところで、英語では、男女の対をなす表現がある場合、女性を表わす語のほうだけに好ましくない意味が見られる場合がある。master は、「先生」、「長」、「名人」、「修士」、「（職人の）親方」などを意味する。一方、master に女性形接辞 -ess を付けた mistress（本来 maistress という形）は「女家庭教師（現在では廃義）」、「女主人」、「（敬称として）〜夫人」の意で用いられたが、今日では「情婦、めかけ」

★column──父と母なる神

近年出版された英訳聖書にも、man(人、人間)を避けるなど性差別表現に対する配慮がうかがわれる。旧約聖書の「創世記」のなかでも、最も有名な節である「神は御自分にかたどって人を創造された」(1章27節、新共同訳)は、かつてはSo God created *man* in his own image. となっていたが、最近の英訳聖書ではSo God created *humankind* in his image. やGod created *human beings* in his own image. などと書き改められている。

一部の(急進的な)フェミニストたちは、さらに、神をfather、イエスをSon of Man などに喩える「家父長的隠喩」(patriarchal metaphor)を問題視している。

こうした批判に応えた英訳聖書として、1995年発行の『新約聖書・詩篇:差別的でない聖書』(The New Testament and Psalms : An Inclusive Version, 略NTPIV)やその翌年に出版された『差別的でない新約聖書』(The Inclusive New Testament, 略INT)が挙げられる(両聖書に見られるinclusiveという語は、「〈女性・障害者・マイノリティーを排除せず含めた〉非差別的な」を意味する)。

たとえば、「主の祈り」冒頭の「天にまします我らの父よ」は、前者では、Our Father-Mother in heaven, 後者では、Abba God in heaven(ただし、Abbaはアラム語では「父」の意)となっている。NTPIVとINTのいずれにおいても、神に対し男性代名詞を用いることも避けられている。一方、イエスをさすSon of Manは、NTPIVでは、Human One, INTでは、Chosen/Promised Oneに改められている。また、両聖書では、イエスを代名詞で受ける際、生前は、歴史上の人物として男性代名詞が用いられるが、復活後は、heの使用は避けられている。しかし、NTPIVやINTに見られる大胆な書き換えについては、聖書の書かれた時代背景・歴史を歪めてしまう可能性があり、なお議論が必要であろう。

をさすことが多い。なお、masterには「情夫」といった意味はない。

同様な例としてwizardとwitchも挙げられる。両者は、それぞれ「(男の)魔法使い」、「(女の)魔法使い、魔女」を意味するが、witchは、「醜い(意地悪な)老女」や「鬼婆」といった否定的な意味も派生させている。wizardは、「驚くべき腕の持ち主」や(形容詞として)「絶賛すべき」などの肯定的意味でも用いられる。

かつて、メジャーリーグのセントルイスカーディナルズ(St. Louis Cardinals)の名ショートストップ(遊撃手)であったオジー・スミス(Ozzie Smith, 1954-)はニックネームの「オジー」をもじってthe Wizard of Oz(オズの魔法使い)と賞賛された。これに対して、女性の名スポーツ選手がwitchと呼ばれることはないだろう。一方、日本語の「魔女」には英語のwitchほど悪いニュアンスはないので、東京オリンピックで優勝した女子バレーボール選手を「東洋の魔女」といえるのであろう。

このような意味変化の不均衡は「女性を表わす語の意味の下落」(semantic derogation of women)と呼ばれるが、社会の女性に対する差別的な見方が言語に投影されたものである。

Ms. の普及

女性に対する敬称にも、フェミニズムの影響は及んでいる。かつては、男性には未婚・既婚にかかわらずMr.(イギリス英語ではピリオドを付けないMrが好まれる)、女性に対しては既婚の場合Mrs.(イギリス英語Mrs)、未婚の場

合は Miss が用いられていた。しかし、女性だけに未婚・既婚の区別をする必然性はないということから、女性への敬称として、婚姻状態によって使い分けの必要のない Ms.(イギリス英語 Ms)が導入された。この新たな敬称は、1949年初出であるが、その後急速に拡がり、1973年には国連でも公式に採用された。

ところで、英語圏では、かつて、牧師が結婚式において新郎新婦に対して"I now pronounce you *man and wife*."(いまあなたがたが夫婦であることを宣言します)と語りかけたが、man and wife(夫婦)という表現でも、女性が既婚となったことだけが明示されている。現在では、"I now pronounce you *husband and wife*."のように均衡のとれた言い方が好まれる。

総称の he

フェミニズムの影響は、さらに英語の文法面にまで及んでいる。

伝統的な英文法では、Everyone loves his mother when he is a child. のように、男性だけでなく女性も含む集団をさしている everyone を男性形の代名詞 he, his で受けるのが正しいとされてきた。このように男女を含むグループをさしうる代名詞 he を「総称の he」(generic 'he')と呼ぶ。なお、everyone は、動詞 loves に3人称単数現在の語尾 -s が付いていることからもわかるように、文法的には単数扱いである。

フェミニストたちは、こうした代名詞の用法は、everyone の表わす集団に女性が含まれていないかのよう

な印象を与え、その存在を無視することにつながると主張した。このような問題を解決するためにさまざまな方法が考案されてきた。そのうちの一つは、男女両性の単数代名詞の併置、すなわち he or she, his (him) or her である。これを用いて先ほどの文を書き改めると、Everyone loves his or her mother when he or she is a child. となる。

he or she, his (him) or her の代わりに、「レディーファースト」で、she or he, her or his (him) の使用も見られる。he or she や she or he に対しては、書き言葉の場合、s/he という簡便な表記もあるが、主格以外の場合はそうした縮約はできない。いずれにしても、この表現は、文体的に冗長であるという感は否めない。

そこで、最近注目を集めているのが、「単数の they」(singular 'they') と呼ばれる用法である。これは、Everyone loves their mother when they are a child. のように、単数の everyone を they で受ける用法をさす。この用法は、本来複数形の they で単数代名詞を受けるため、一部の文法家からは「数の一致」の観点から好ましくないとされてきた。

しかし、代名詞 they の歴史を繙くと、they が単数名詞・代名詞に対して使われる例は、すでに16世紀にあらわれている。単数の they は、それ以降もヘンリー・フィールディング (Henry Fielding, 1707−54)、ウォルター・スコット (Walter Scott, 1771−1832)、ジェーン・オースティン (Jane Austen, 1775−1817)、チャールズ・ディケンズ (Charles Dickens, 1812−70) といった著名な作家の作品に見られる。

アメリカ英語では、単数の they が徐々に定着しつつある。一方、イギリスで出版されている『ロングマン現代英英辞典』でも、たとえば、形容詞 grateful の定義を見ると、'feeling that you want to thank *someone* because of something kind that *they* have done' となっており、単数代名詞 someone を受けるのに they が使われている。言葉の権威ともいえる辞書でも、単数の they が用いられはじめているということは、この用法が今後市民権を得て、さらに拡がっていくことを予感させる。

先に見たように、最近の英訳聖書は、性差別表現を避けようとする傾向が見られるが、単数の they の採用には慎重なようである。たとえば、従来の聖書では、「マタイ伝」（10章10節）の the laborer deserves his food（働く者が食べ物を受けるのは当然である［新共同訳］）のように、両性を含みうる laborer という名詞を男性代名詞で受けていた。1990年（版権1989年）に刊行された米国系の『新改訂標準訳聖書』(New Revised Standard Version) では、単数の they は用いずに、主語を複数形にして laborers deserve their food と書き改めることで問題を回避している。なお、英国で出版された『改訂英語聖書』(Revised English Bible, 1989) では、the worker deserves his keep となっており、his を引き続き用いている。

しかし、2005年に出版された『現代新国際訳聖書』(Today's New International Version, 新約は2002年出版) では、「ヨハネの黙示録」（3章20節）は "Here I am! I stand at the door and knock. If *anyone* hears my voice and opens the door, I will come in and eat with *them*, and *they* with me."(見よ、わたしは戸口に立って、たたいている。だれかわたしの声を聞いて戸を開ける者があれば、わたしは中に入ってその者と共に食事をし、彼もまた、わたしと共に食事をするであろう［新共同訳］)となっており、anyone を they, them で受けている。

無生物をさす she

英語では、That's a lovely ship. What is she called?(素敵な船ね。何という名前かしら)や England is proud of her poets.(イギリスは自国の詩人を誇りにしている)のように、船舶、車、国家、都市などをさすのに女性代名詞が使われることがある。こうした無生物への she の使用も、フェミニズムの影響のもと、1960年代以降急速に衰えており、本来無生物に用いられる it に取って代わられつつある。

英語では、女性の名前が無生物に対して用いられることもある。米国では、ハリケーンが生じると、日本の台風のように1号、2号といった番号方式でなく、アルファベット順に Amy (エイミー)、Blanche (ブランチ)、Caroline (キャロライン)のような女性の名

ハリケーン・カトリーナ（女性名）2005年にニューオリンズに甚大な被害をもたらした．この年は Dennis (デニス, 男性名), Rita (リタ, 女性名), Stan (スタン, 男性名), Wilma (ウィルマ, 女性名)と大型ハリケーンが次々とアメリカを襲った KYODO NEWS

前が付けられていた。しかし、1979年以降、「男女平等」に反するということで、ハリケーンの命名は、男性名と女性名が交互に使われるようになっている。

終章

英語の未来

The Future of English

一般に言語の変化には、言語内外のさまざまな偶然的要因が関与するので、ある言語についてその未来を正確に予測することは非常に難しい。しかし、本書を結ぶにあたり、ここではあえて、英語がこれから辿るかもしれない歩みを予想してみたい。

英語は国際語としての地位を保ち続けられるか
　まず、英語が将来にわたっても国際語としての地位を保ち続けられるかという問題を考えてみよう。国際語としての英語の発達を阻害する要因としてまず挙げられるのは、政治・経済・科学技術などの中心が米国から英語を母語としない別の地域に移ることである。しかし、現在の米国の圧倒的な政治・経済・軍事力、また科学技術分野での英語の普及を考えると、こうした事態が今後50年ぐらいの間に起こるとは想像しにくい。
　むしろ、超大国としての米国に対する反感によって、反英語の動きが強まる可能性のほうが高いかもしれない。また、世界における英語の伸張が、ほかの言語の発展を妨げ、さらにその存在を脅かし、結果的に英語および英語文化による世界支配につながるのではないかという強い懸念、つまり「英語帝国主義」への警戒感も存在する。
　かつて英国の植民地であったインドでは、ヒンディー語の支持者たちによる大規模な反英語デモが行われたことがあるが、自国・民族の言語・文化を守るために英語に対する反発が世界各地で生じている。
　2006年3月にブリュッセルで開かれた欧州連合（EU）首脳会議で、フランス出身の産業界代表が英語で演説した

終章　英語の未来

ことに怒り、同席していた当時の仏大統領シラク（Jacques René Chirac, 1932–）が退席するというハプニングも起きた。

ところで、インドの反英語デモでは、"Death to English"という英語による抗議スローガンが掲げられたが、このことは、世界の人びとに「反英語」というメッセージを伝えるためであっても、国際語としての英語に頼らざるを得ないという皮肉な現状を表わしている。

一方、世界各地に拡がった英語がそれぞれ独自の特徴を発達させ、互いに理解不能になるような状況は生じうるであろうか。第5章でも触れたように、著名な音声学者・英語学者ヘンリー・スウィートは、イギリス英語、アメリカ英語、オーストラリア英語がそれぞれ独自の道を歩み、いずれお互いに意思疎通ができなくなると予言した。このような懸念は、今日でも存在している。たとえば、1991年、当時のチェコスロヴァキアのブルノで英語教師に向けて行った講演で、英国のチャールズ皇太子（Charles, Prince of Wales, 1948–）は次のように述べている。

香港のコカコーラ広告　第2次世界大戦以降のアメリカ商業・文化のグローバル化は、「コカコーラ的植民地化」（coca-colonization ; Coca-Cola と colonization の混成語）や「マクドナルド化」（McDonaldization）と呼ばれる　©葉字敏

This kind of nightmare could possibly become a reality

unless there is agreement that there are enduring standards, a common core of the language, and common standards of grammar.

共通の核となる確固とした標準英語や標準英文法が存在するのだという合意がなければ、(世界各地に拡がった英語が互いに理解不能になるという) 悪夢は、ひょっとすると現実のものとなるかもしれない。

(『ガーディアン』〈英国の日刊紙〉1991年5月9日)

しかし、現在、衛星テレビ、インターネットなどの普及によって、地理的な距離にかかわらず、世界中の人びとは大量の (英語による) 情報を共有している。世界が「地球村」(global village) となっているこのような現況を考えると、将来も、各地域の英語がほかの英語とまったくかかわりなく変化していくことはあり得そうもない。

技術 (テクノロジー) 面で、国際語としての英語の存在を脅かすものとしては、急速に進歩している機械翻訳 (自動翻訳) の存在がある。たとえば、現在では、日英語間の翻訳ソフトを使って、(精度の問題はあるが) 英語で書かれた電子メールやウェブページを機械翻訳することが可能になっている。各言語間の機械翻訳がさらに発達すれば、リングワ・フランカとしての英語の役割は減ずる可能性がある。

しかし、約7000弱ともいわれる世界の言語について、すべての言語間で機械翻訳が可能になるということは、コストや需要の面から見て現実的ではないだろう。したがって、機械翻訳がさらに発達したとしても、リングワ・フランカ (としての英語) の必要性は残ると考えられる。

終章　英語の未来

「国際語としての英語」の今後の姿

　以上のように、国際語としての英語の発展を妨げる要素はいくつか考えられるが、いずれもすぐに英語の現状に大きな影響を与えるものではない。それでは、しばらく続くと考えられる「国際語としての英語」は今後どのような姿をとっていくであろうか。

　第1章冒頭で触れたように、H. G. ウェルズはその未来歴史小説『世界はこうなる』のなかで、21世紀に英語が世界共通語となっていると予言している。ウェルズが国際語・世界語として想定していたのは、ベーシック・イングリッシュ（Basic English）であった。

　ベーシック・イングリッシュとは、1930年に英国の心理学者・言語学者 C. K. オグデン（C. K. Ogden, 1889–1957）が世界共通のコミュニケーション言語や非母語話者の英語学習を補助する手段として提唱したもので、Basic は *B*ritish, *A*merican, *S*cientific, *I*nternational, and *C*ommercial の頭字語である（もちろん、basic〈基礎の〉の意味もある）。この基礎英語は、当初は、非母語者でも習得しやすいように、語彙は850語に限られていた。動詞は、come, get, give, have などの16語（ほかに助動詞2語）だけであるが、これらとほかの語を組み合わせることでさまざまな概念を表わすことができる。たとえば、climb や love といった動詞は、ベーシック・イングリッシュに含まれないため、代わりに go up や have love for が用いられる。

　国際補助言語としてのベーシック・イングリッシュは、1940年代には、当時の英国首相ウィンストン・チャーチル

や米国大統領フランクリン・ローズヴェルト（Franklin D. Roosevelt, 1882−1945）などにも支持された。しかし、極端に制限された語彙がかえって円滑なコミュニケーションの妨げになるといった理由から、十分に発展することはなかった。

それにもかかわらず、その後も国際化を念頭に置いた英語簡略化の試みは続けられている。1980年代初め、英国の英語学者ランドルフ・クワークらは、「核英語」（nuclear English）を提案した。核英語は、英国、アメリカ、カナダ、オーストラリア、ニュージーランドなど、英語が母語として用いられている地域の英語変種をもとに造り出された簡略英語である。

第3章で、英語の語彙の特徴として類義語が多く存在し、そのため細かなニュアンスの差異まで表わすことができることを述べたが、リングワ・フランカとして英語を考えた場合、そうした側面はかえって非母語話者の英語習得を難しくする可能性がある。そこで、核英語では、類義表現がある場合は、それをできるだけ簡素化しようとする。たとえば、「2週間」を表わす場合は、おもにイギリス英語だけに限られるfortnightをやめtwo weeksを使う、「両親」に対しては、parentsよりも簡単な語句mother and

The Bible in Basic English ベーシック・イングリッシュに聖書語彙などを加えた1000語を用いて翻訳

father を用いることが推奨される。

　文法においても、単純化が行われる。英語の付加疑問文（tag question）では、He knows you, *doesn't he*?（彼はあなたのことをご存知ですよね）、I haven't seen you before, *have I*?（以前にお会いしたことはありませんでしたね）のように、付加疑問に先行する文が肯定か否定か、また動詞が一般動詞か be 動詞・助動詞かによっていろいろ形が変化する。さらに、ought to を含む文では、We ought to go there, oughtn't we?（そこに行かなければなりませんね）のように oughtn't we? という付加疑問が付くことが多いが、shouldn't we? も可能であり、母語話者の間にも揺れが見られる。そこで、核英語では、付加疑問を isn't that right? や is that so? に簡素化することが提案されている。

　1990年代後半以降も、クワークの指導を受けた英国の英語学者デイヴィッド・クリスタル（David Crystal, 1941-）が、「世界標準口語英語」（World Standard Spoken English, 略 WSSE）を提唱し、そうした英語では自分の英語変種だけで通用するような慣用句（idiom）は極力避けるべきであると述べている。

　イギリス英語では、It's not (quite) cricket.（それは公明正大でない）という表現があるが、これはクリケットというスポーツでフェアプレーが重んじられたことによる。しかし、英国やかつての英国植民地以外では、この球戯は必ずしも知られているとはいえないため、クリスタルはこうした語句を避け、多くの英語使用者に理解されうる表現（たとえば It's not 〈quite〉 fair.）に言い換えるべきであると主張している。

また、クリスタルは、多くのヨーロッパ人にとってはいまだ馴染みの薄い野球に関連する慣用表現（たとえば、out of left field〈思いがけないところから、不意に；野球の左翼が本塁から遠く離れていることから〉）も国際的な場面では回避したほうがよいとしている。

　文法や語彙以外にも、国際英語では綴り字の改革が必要になるであろう。第4章で述べたように、現代英語では綴り字と発音のずれが著しい場合がしばしば見られるが、これは英語を母語としない者にとっては英語習得上の障害になりうる。

　アメリカ英語の辞書の編集で知られるノア・ウェブスターの影響で、アメリカ英語では、イギリス英語に比べて綴りを発音に近づけ、より簡略にしていく傾向が見られるが（第5章参照）、こうした流れは英語の国際化でますます強まると思われる。さらに、今日の英語に少なからぬ影響を与えているインターネットでも、たとえば games, files などの複数の語尾 -s をより発音に忠実な z で綴る場合もあり、綴り字と発音を一致させようとする傾向が見られる。

　以上のように、「国際語としての英語」のあるべき姿を模索する過程で、英語を簡素化するためのさまざまな提案がなされてきた。しかし、注意すべきことは、そうした世界標準英語は多くの場合イギリス英語、アメリカ英語などの簡略化に過ぎないということである。先ほど触れたように、チャールズ皇太子は、英語が空中分解してしまわないように、中核となる世界標準英語の必要性を説いているが、標準英語として皇太子の念頭にあるのはあくまでイギリス英語であり、かつて栄華を極めたイギリス英語復権への思

2050年までの英語（ENL, ESL, EFL）使用者の推定数

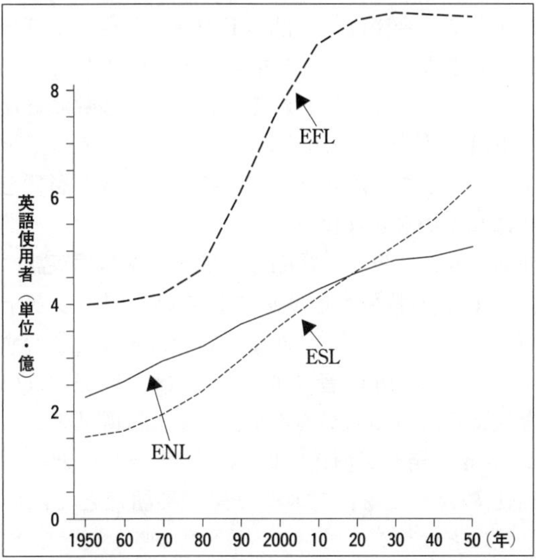

註：ENL は母語として使用する人，ESL は第２言語として使用する人，EFL は外国語として使用する人．Graddol, *The Future of English?* の図をもとに作成

いが垣間見られる。また、クワークらによる核英語でも、その満たすべき条件の一つとして、非英語的な表現を含めず、英語を母語とする人びとがとくに抵抗を感じることがないことが挙げられている。

しかし、第１章でも述べたように、世界における英語使用者のうち、英語を第２言語（ESL）や外国語（EFL）として用いている人の数は、母語として英語（ENL）を話す人の数をすでに大幅に上回っている。それぞれの英語が用いられている地域の今後の人口の伸びから考えても、その

差はますます開いていくものと考えられる。

したがって、今後は、一部のENLの国（とくに英国や米国）が、国際語としての英語をコントロールしていくことは難しくなっていくと思われる。むしろ、多数派となったESLやEFLの使用者が、インターネットやテレビなどのメディアを通じて国際語としての英語に大きな影響を与えるようになるかもしれない。

クリスタルは、自らが提唱した世界標準口語英語にも、近い将来ESLの特徴が取り込まれていくだろうと予想している。たとえば、多くの非母語話者にとって発音するのが難しい英語のthの音（/θ/と/ð/）は、類似の/t/や/d/に置き換えられる傾向があるが、将来「国際語としての英語」からthの発音が消えていく可能性がないとはいえない。ENLのなかでも、アメリカ黒人英語などではすでにそうしたことは起こっており（第5章参照）、また、航空管制英語（エアスピーク）でも英語を母語としないパイロット・管制官に配慮してthの音は避けられている（第1章参照）。

いかなる形になるにせよ「国際語としての英語」はこれからもしばらくの間普及していくと考えられるが、それによって英語とは異なる言語を母語とする人びとが自らの言語を捨てさってしまうというような事態は起こらないであろう。なぜならば、言語はコミュニケーションの手段としてだけでなく、われわれの文化的なアイデンティティーと深くかかわっているからである。今後は、多くの人びとの間で、母語とリングワ・フランカとしての英語の併用がますます増えていくと考えられる。より具体的には、ビジネ

スや教育などでは英語を用いて、家庭では母語を用いるといった状況が想定される。

異なる言語が場面・話題・聞き手に応じて使い分けられる現象は、「ダイグロシア」（diglossia）と呼ばれるが、世界を見渡すと、2言語使用（bilingual）あるいは多言語使用（multilingual）地域は決して少なくない。たとえば、ベルギーではオランダ語のほか、フランス語とドイツ語が用いられている。シンガポールでは、国語であるマレー語のほかに、英語、中国語、タミール語が公用語である。さらに、シンガポールの英語については標準イギリス英語と独特の語彙・文法をもつシンガポール英語（Singlish）が共存している。東アフリカのケニアでも公用語である英語とスワヒリ語のほかに現地の言語が併用されている。

将来、イギリス英語やアメリカ英語の話者も、ESLやEFLの影響を受けた国際英語と母語である英語変種の2つを場面に応じて使い分ける必要が出てくるかもしれない。その時、はじめて英語は、一部のENL話者の手を離れ、真の意味で国際化したといえるかもしれない。

あとがき

　私が英語史の研究をはじめてから、20数年経つが、大学に入学した当初は、とりたてて英語に興味があったわけではなかった。ましてやその分野の研究者になろうという気などさらさらなかった。

　そもそも、英語に対しては中学の頃から何か抵抗感をもっていた。父は大学で英語を教え、母も中学・高校で英語の教師をしていたが、このことがかえって反抗心の強かった私にはマイナスに作用したのかもしれない。

　転機が訪れたのは、たしか大学2年の初めであったかと思う。私の通っていた大学では、3年に進学する際に専攻を決めることになっていたが、何か興味をもてる分野を見つけようと本をいろいろ乱読しているうちに、1冊の本に出会った。それは英語語源学の権威アーネスト・ウィークリーの『ことばのロマンス』(*The Romance of Words*) であった（皮肉なことに、その本を見つけたのはそれまであまり足を踏み入れることのなかった父の書斎であった）。ちなみに、ウィークリーの妻フリーダは英国の小説家・詩人 D. H. ロレンスと駆け落ちしたことで知られる。

　ウィークリーの本の頁をめくると、シェークスピアのロミオの恋人の名ジュリエット (juliet) は jilt (男たらし) と同語源である、daisy (ヒナギク) は day's eye (日・昼の眼＝太陽) がつづまったものである、shirt と skirt は本来同じ語で、さらには short とも関連があるなど、英語の単語

をめぐる興味の尽きない物語がくりひろげられていた。

「英語物語」にすっかり魅了され、英語学、とりわけ英語史を勉強しようと考え、英文科に進学することになった。以来、大学院や米国留学を経て、大学に職を得たのちも英語史・中世英語の研究を続けている。

さて、私が大学院生として米国で過ごした1980年代の後半、アメリカでは、ポリティカル・コレクトネスの運動が高まりを見せていた頃であった。大学のキャンパスでも、さまざまな差別是正の動きやマイノリティーへの配慮が見られた。

1980年代のアメリカ社会のもう一つの大きな動きはパーソナルコンピュータの急速な普及であった。私が日本の大学院で修士論文を執筆したときは、タイプライターを使っており、周りの学生の多くも同様であった。それが留学先の大学では、キャンパスのあちこちにコンピュータのターミナルが設置されていた。大学内では e-mail でのやりとりも行われていた。カルチャーショックならぬテクノロジーショックを少なからず受けたものであった。

このような新たな社会の動きと連動して、英語にもさまざまな変化が起きていた。英文科の科目にあった黒人文学は Black literature という名称が使われていたが、しだいに African-American literature のほうが一般的になっていった。大学の授業内容紹介では、教員名は男性の場合は Mr.、女性の場合は Ms. が使われていた。

本書でも触れた affirmative action（積極的差別是正措置）という言葉を聞いたのも留学中であった。これはマイノリティーや女性の雇用などを積極的に推進するための措置で

あとがき

あるが、留学先の大学でも、新規に教員を採用する場合、研究教育の能力とこの是正措置のどちらを優先すべきかについて議論が起こっていた。

1980年代には、アップル社のパソコンが登場したが、同社のマッキントッシュのパソコンには、当時はまだ珍しかった mouse が付いていた。コンピュータの mouse の複数形には、不規則複数 mice のほかに mouses があることも知った。ティーチング・アシスタントとして、言語学の入門授業を担当した際、早速その mouses を取り上げ、ある語が新義で用いられるときには規則変化になる傾向があると説明したことをいまでも覚えている。

アメリカの大学で私は古英語・中英語を専攻したが、留学経験を通して、現代でも英語は変化し続けていることを改めて認識させられた。そこで、本書でも、従来の英語史の書物では十分に取り上げられることが少なかった20世紀以降の英語にも、比較的多くの紙幅を割いた。

* * * * *

本書は、2006年4月から2007年3月まで24回にわたって『朝日ウィークリー(*Asahi Weekly*)』に連載した「英語を旅する－過去から未来へ」がその出発点となっている。「英語を旅する」では、従来の英語史の読み物とは異なり、現代英語(おそらく一般の読者にとって最も関心が高いトピック)にも重点を置いて執筆した。幸い、新聞の読者の方々からも、好意的な反応をいただき、できれば新書の形で、より多くの方に英語の歴史に触れていただければと思い、中公新書から出版の運びとなった。

新書版にするにあたっては、大枠は『朝日ウィークリー』の連載の流れに沿いつつ、大幅に加筆を行った。とくに、第4章（綴り字・発音・文法の変化）の大半は、新たに書き下ろしたものである。

　本書の執筆にあたっては多くの方からのサポートがあった。まず、英語の歴史に関連する連載を勧めてくださった東京大学大学院総合文化研究科の斎藤兆史氏に感謝したい。斎藤氏からは、中公新書からの出版に関してもお力添えをいただいた。

　1年間にわたる連載では、多くの一般読者の方々の声に勇気づけられた。とくに、ご年配の読者の若々しい知的好奇心には大変刺激を受けた。そして、連載中、貴重なアドヴァイスをくださった『朝日ウィークリー』編集部の和田明郎氏に対して謝意を表したい。

　英語の文法変化などを扱った第4章では、助動詞 do の発達に触れたが、以前『月刊言語』（2004年4月号）に発表した論文（「助動詞 do の文法化」）がもとになっている。『朝日ウィークリー』および『月刊言語』の記事・論文からの収録を許可された朝日新聞社および大修館書店に対してお礼を申し上げたい。

　本書の原稿ができた段階で、かつて私の大学院の授業を受講していた俊英の若手英語史研究者、堀田隆一（中央大学文学部助教）と佐藤桐子（熊本学園大学外国語学部講師）の両氏に原稿の通読をお願いし、多くの有益な助言を受けた。また、巻末の「文献案内」と「英語史年表」については、東京大学大学院総合文化研究科言語情報科学専攻博士課程に在学中であった三浦あゆみ氏に綿密に目を通しても

あとがき

らった。

　中公新書編集部の白戸直人氏には、本書の企画から編集にいたるまで、励ましの言葉と助言を頂戴した。ここに謝意を表したい。

　最後になるが、研究者を志して以来、親としてはもちろん、英語(学)の分野の先人として的確なアドヴァイスを与えてくれている両親と、いつも傍らにいて支えとなってくれる妻と娘に感謝したい。

2008年9月

寺　澤　　盾

文献案内

英語の歴史についてさらに知識を深めたい読者のために、簡単に文献案内を付す。なお、紹介した文献は、日本語のものまたは邦訳のあるものを中心に選んだ。

I. 英語史一般
まず、日本語で書かれた英語史関連の文献としては、以下のものが推奨できる。

家入葉子. 2007.『ベーシック英語史』ひつじ書房.
　「主節と従属節」、「非人称動詞と過去現在動詞」、「不定詞と動名詞」、「否定構文と助動詞 do の発達」といったテーマを切り口に英語史を簡潔に記述している。

中島文雄. 2005.『英語発達史』(改訂版) 岩波書店.
　初版は1951年。ややレヴェルが高いが、英語の歴史を語彙・発音・文法について明解に説明し、とくに統語法に関する記述が優れている。

橋本功. 2005.『英語史入門』慶應義塾大学出版会.
　図版などを多く用いて、英語史をわかりやすく記述。聖書の英語やアルファベットの歴史にも触れている。

松浪有 (編). 1995.『英語の歴史』〈テイクオフ英語学シリーズ１〉大修館書店.
　英語史を古英語、中英語、近代英語の順で概説した後で、アメリカ英語と世界の英語 (オーストラリア、カナダ、インド、シンガポールなどの英語) を取り上げている。

英米で出版されている英語史の概説書 (邦訳があるもの) として、

以下のものが定評がある。邦訳が複数ある場合は、代表的なもののみを挙げた。

Baugh, Albert C. & Thomas Cable. 2002. *A History of the English Language*. 5th edition. London: Routledge. 永嶋大典ほか(共訳)『英語史』研究社出版, 1981.
原書初版は1935年。英語の歴史を社会・文化的変化と結び付けて、詳しく論じている。Thomas Cableによる本書に付随したワークブック(*A Companion to Baugh & Cable's History of the English Language*, 3rd edition, 2002)もある。邦訳は原書第3版(1978)の訳。

Bradley, Henry. 1968. *The Making of English*. 2nd edition revised by Simeon Potter. London: Macmillan. 寺澤芳雄(訳)『英語発達小史』岩波文庫, 1982.
原書初版は1904年。『オックスフォード英語辞典』の編者の一人でもあるヘンリー・ブラッドリによるもの。とくに英語の語彙変化や意味変化を記述した章が秀逸。英語の発達に貢献したものとして英訳聖書やシェークスピアにも言及。

Jespersen, Otto. 1982. *Growth and Structure of the English Language*. 10th edition. Oxford: Blackwell. 須貝清一・真鍋義雄(共訳)『英語の生長と構造』(改訂版)和田書店, 1952. 大澤銀作(訳)『英語の発達と構造』文化書房博文社, 1979.
原書初版は1905年。英語の発音・文法・語彙の発達のほか、シェークスピアの英語にも1章を当てている。須貝・真鍋共訳と大澤訳はそれぞれ原書第6版(1930)と第9版(1938)の訳。

McCrum, Robert, William Cran & Robert MacNeil. 2002. *The Story of English*. 3rd edition. London: Faber & Faber. 岩崎春雄ほか(共訳)『英語物語』文藝春秋, 1989.
原書初版は1986年。もともとBBCで放送された教養番組のテクストとして編まれたものなので、画像なども多い。邦訳は原書初

版の訳。

英語の史的変化について、とくに語彙や語源に焦点を当てたものとして、以下のものがある。

Weekley, Ernest. 1912. *The Romance of Words*. London: John Murray. 寺澤芳雄・出淵博（共訳）『ことばのロマンス－英語の語源－』岩波文庫, 1987.
邦訳は1961年に出た復刊の訳。

本書では詳しく論じることはできなかったが、英語の語句に見られる意味の変化も興味深いテーマである。英語の意味変化をわかりやすく述べた書物として、次の1冊を挙げておく。

池上嘉彦（編）1996.『英語の意味』〈テイクオフ英語学シリーズ3〉大修館書店.
第7章が「意味の変化」を扱っている。

英語史の分野からは少し離れるが、印欧比較言語学や言語変化一般を扱っているものとして、以下の文献が読みやすい。

風間喜代三. 1978.『言語学の誕生－比較言語学小史－』岩波書店.
18世紀末、サンスクリット語とギリシア語・ラテン語との類似が指摘されて以来、どのようにして印欧比較言語学という学問が誕生したかをわかりやすく説明。

Aitchison, Jean. 2001. *Language Change: Progress or Decay?* 3rd edition. Cambridge: Cambridge University Press. 若月剛（訳）『言語変化 進歩か、それとも衰退か』リーベル書房, 1994.
原書初版は1981年。言語変化はどのように起こるのか、またなぜ起こるのかについてわかりやすく論じた書物。言語の死や誕生といった興味深い問題も論じている。邦訳は原書第2版（1991）の訳。

Ⅱ. 英語の現在と未来

本書では、英語の現状についても目を向け、20世紀以降の英語に見られるさまざまな変化について考察したが、新たなテクノロジーやポリティカル・コレクトネスといった社会運動が英語に与えた影響について述べた文献を挙げておく。

Crystal, David. 2006. *Language and the Internet*. 2nd edition. Cambridge: Cambridge University Press.
まだ邦訳は出ていないようだが、インターネットが英語に及ぼしている影響を具体例を通して述べている。

Garner, James Finn. 1994. *Politically Correct Bedtime Stories*. New York: Macmillan. デーブ・スペクター，田口佐紀子（共訳）『政治的に正しいおとぎ話』ディーエイチシー，1995.
「赤ずきん」、「白雪姫」などのおとぎ話を差別・偏見のないものに書き換えたもの。しかし、著者の真の意図は、このパロディー版によって、ポリティカル・コレクトネスの名のもとに行われている言葉狩りを風刺することにある。

Lakoff, Robin. 1975. *Language and Woman's Place*. New York: Harper and Row. かつえ・あきば・れいのるず（訳）『言語と性 英語における女の地位』（新訂版）有信堂高文社，1990.
言語（とりわけ英語）と性差の問題を論じた草分け的研究。

Maggio, Rosalie. 1987. *The Nonsexist Word Finder: A Dictionary of Gender-Free Usage*. Phoenix, Arizona: Oryx Press. 笠井逸子（訳）『性差別をなくす英語表現辞典－使えない言葉・避けたい表現－』ジャパン・タイムズ，1990.
英語で性差別と見なされる危険性がある表現をアルファベット順に収録し、それぞれの表現についてなぜ性差別的なのかを説明し、差別的でない代替表現も挙げている。

Rees, Nigel. 1993. *The Politically Correct Phrasebook: What They*

Say You Can and Cannot Say in the 1990s. London : Bloomsbury. 脇浜義明(訳)『差別語・婉曲語を知る英語辞典』明石書店, 1996.
英語のさまざまな差別語とそれに代わる婉曲表現について、用例を添えてアルファベット順に並べたもの。しかし、差別的な ugly (醜い)を避けるために造られた aesthetically challenged (美的困難に立ち向かっている)といった過度な婉曲表現にも言及し、ポリティカル・コレクトネス運動の行き過ぎにも警鐘を鳴らしている。

国際語・世界語となった英語やその未来について論じたものとして、以下のものが有用である。

本名信行(編). 1990.『アジアの英語』くろしお出版.
アジア各国の英語について、その言語的特徴、教育制度、社会的役割などを詳しく紹介。

Crystal, David. 2003. *English as a Global Language*. 2nd edition. Cambridge : Cambridge University Press. 國弘正雄(訳)『地球語としての英語』みすず書房, 1999.
原書初版は1997年。英語が今日のように世界の隅々まで浸透し、地球語となった経緯を客観的に記述。さらに英語の未来についても議論。邦訳は原書初版の訳。

Graddol, David. 1997. *The Future of English ? A Guide to Forecasting the Popularity of the English Language in the 21st Century*. London : The British Council. 山岸勝榮(訳)『英語の未来』研究社出版, 1999.
20世紀に事実上世界語としての地位を築いた英語が、21世紀以降もその地位を保てるか、こうした問題を、インターネット・メディア・世界経済・人口問題など、英語の未来に影響を与えうる諸要因に触れつつ論じている。英語版のPDFは、http://www.britishcouncil.org/learning-research-futureofenglish.htm から無

料でダウンロードできる。また、この続編で同じ著者による *English Next: Why Global English May Mean the End of 'English as a Foreign Language'* (British Council, 2006) も http://www.britishcouncil.org/learning-research-englishnext.htm から入手可能。

Trudgill, Peter & Jean Hannah. 2008. *International English: A Guide to the Varieties of Standard English*. 5th edition. London: Hodder Education. 寺澤芳雄・梅田巌(共訳)『国際英語−英語の社会言語学的諸相−』研究社出版, 1986.
原書初版は1982年。イギリス英語、アメリカ英語、オーストラリア英語、ニュージーランド英語、南アフリカ英語、インド英語など、世界に広まったさまざまな英語の変種について、その発音・文法・語彙の特徴を詳述。邦訳は原書第2版(1985)の訳。

Ⅲ. 辞書・参考書・ウェブサイト
英語の語源を知りたい場合には、次の辞典が推薦できる。

小島義郎ほか(共編) 2004.『英語語義語源辞典』三省堂.
語義・語源に重きを置いたユニークな英和辞典。一つの単語の異なる語義を語源にも言及して、できるだけ関連付けて説明。

寺澤芳雄(編) 1997.『英語語源辞典』研究社.
日本で初めての本格的英語語源辞典。英語の単語について、本来語か借用語か、後者の場合いつ頃どこから移入されたかがわかる。約5万語収録。縮刷版(1999)もある。

中島文雄・寺澤芳雄(共編) 1962.『英語語源小辞典』研究社.
コンパクトな英語語源辞典。日常語を中心に2000語余りを収録。

また、1500年に及ぶ英語の歴史を社会・文化的変化と関連させながら年表の形で提示したユニークな英語史として、以下のものがある。

寺澤芳雄・川崎潔（共編）1993.『英語史総合年表－英語史・英語学史・英米文学史・外面－』研究社.

20世紀以降、英語に加わった「新語」を収録した辞典は、数多く出版されている。以下に挙げた2冊のうち最初のものは、20世紀に登場した新語を10年ごとにその例文とともにリストアップしている。各10年間の新語を見ると、そこにさまざまな英米社会・文化の変化がうかがえる。

Ayto, John.(ed.) 2007. *A Century of New Words*. Oxford: Oxford University Press. 江藤秀一・隈元貞広（共訳）『基礎知識辞典 20世紀クロノペディア―新英単語で読む100年－』ゆまに書房, 2001.
邦訳は1999年版（*20th Century Words: The Story of the New Words in English over the Last Hundred Years*）の訳。

小学館辞典編集部（編）2003.『最新英語キーワードブック2003－04』小学館.
英語の新語・固有名詞を「経済」、「文化・スポーツ」、「科学・医学」などの分野別にリストアップ。

最新の造語を知るには、アメリカ方言学会（American Dialect Society）のウェブサイト（http://www.americandialect.org/）にアクセスして、'Words of the Year' を参照されたい。

最後に、英語史に関連する画像情報を提供してくれるウェブサイトを挙げておく。

http://www.bl.uk/onlinegallery/index.html
大英図書館のオンラインギャラリー。古英語期に制作された装飾聖書である『リンディスファーン福音書』、『ベーオウルフ』、1611年に刊行された『欽定訳聖書』やシェークスピアの最初の全集「ファースト・フォリオ」（1623）の画像も見ることができる。

『リンディスファーン福音書』は、写本の画像ページ（葉）をめくりながら読むことができる。

http://www.bayeuxtapestry.org.uk/
1066年のノルマン征服の様子を絵巻風に描いたバイユーのタペストリーの画像。

http://dpg.lib.berkeley.edu/webdb/dsheh/heh_brf?Description=&CallNumber=EL+26+C+9
米国ロサンジェルス近郊にあるハンティントン図書館所蔵のチョーサーの『カンタベリー物語』のエルズミア写本の画像。この写本には、物語を語る巡礼者の姿が描かれ、美しい装飾も施されており、同図書館の至宝となっている。

英語史年表

社会・文化史については，おもに英語史と関連するものを挙げており，歴史上重要な出来事を網羅しているわけではない．略号については，7c は 7 世紀，1960s は1960年代，BC は紀元前，AD は紀元を示す．矢印（➡）は，社会・文化史から英語史への影響関係を表わす．

社会・文化史	英語史
3000−2000BC 　巨石遺跡ストーンヘンジ建造 **1000BC 以降** 　ケルト民族，ブリテン島に渡来 **55−54BC** 　ユリウス・カエサル，2 回にわたりブリテン島侵攻 **AD43** 　ローマ皇帝クラウディウス，ブリテン島征服を開始．先住のケルト民族，ローマの影響を受ける **122−126** 　ハドリアヌスの防壁の建設．ブリテン島の北方民族の侵攻を抑える目的 **375** 　ゲルマン民族の大移動開始 **410頃** 　ローマ帝国，ブリテン島から撤退 **450以降** 　ジュート人・サクソン人・アングル人・フリジア人，ブリテン島に定住開始	**3c BC** 　ゲルマン語の一大子音変化（グリムの法則）完了 **古英語期** ➡ 以降，英語はブリテン島で独自に発達

215

社会・文化史	英語史
5c－9c アングロサクソン七王国時代 **563** 聖コルンバ，スコットランドのアイオナ島に修道院建立，北部のノーサンブリアへ布教 **597** 聖アウグスティヌス，英国南西部のケント王国でキリスト教布教 **700頃** リンディスファーン修道院で，ラテン語福音書の制作 **750－1050** ヴァイキング時代．北欧のデーン人など，英国に侵入し修道院などを略奪，後に英国北部・東部・北西部に定住 **878** アルフレッド大王，デーン人と条約締結，デーン人の法で統治できる地域（デーンロー）を認める **991** モールドンの戦い．英国（エセックス）軍がデーン軍に敗退 **1016** デーン人のクヌート，英国王になる．デーン王朝（〜1042） **1042** エドワード証聖王，デーン人より英国人に王位を奪還	➡ キリスト教関連の語彙として，ラテン語の借用 **8c** 『ベーオウルフ』成立（写本は1000年頃のもの） ➡ 北欧語（古ノルド語）借用 **950頃** 『リンディスファーン福音書』（ラテン語）の行間に，古英語（ノーサンブリア方言）で語釈

社会・文化史	英語史
1066 ノルマン征服．ノルマンディー公ウィリアム，ヘースティングズの戦いでハロルドを破り，英国王ウィリアム1世として即位	**中英語期** ➡ 大量のフランス借用語
1096 最初の十字軍の派遣（～13世紀末）	➡ イスラム世界との接触により，アラビア語から借用 **12c 中頃** 女性代名詞 she，初めて文献に登場
1154 ヘンリー2世即位，ノルマン朝からプランタジネット朝へ移行（～1399）	➡ セントラル・フレンチからの借用増加 **1200以降** 古ノルド語由来の they, their, them が文献にあらわれる
1204 ジョン王，ノルマンディーなどのフランス領地を失う	➡ フランスとの関係が稀薄化，英語復権の端緒となる
1215 ジョン王，大憲章（マグナ・カルタ）承認	
1337-1453 フランスとの百年戦争	➡ フランス語は敵性語，英語に対する国語意識が高まる
1348-1350 黒死病の流行．英国の人口の約3分の1死亡	➡ 労働力の不足．労働者階級およびその常用言語である英語の重要性増す **1362** 英語による初めての議会開会宣言．法廷でも英語による訴訟を定める法制定
1381 ジョン・ボールとワット・タイラーに指導された農民一揆	➡ 農民の言語である英語の重要性がさらに増す

社会・文化史	英語史
J. ウィクリフ **1399** ノルマン征服以来,初めて英語を母語とするヘンリー4世即位.ランカスター朝(〜1461) **1455** バラ戦争 **1476** ウィリアム・キャクストン,ロンドンのウェストミンスターに印刷所設立 **1485** ヘンリー7世即位.テューダー朝(〜1603) **16c 初-17c 初** 英国ルネサンス **1534** ヘンリー8世,ローマカトリック教会から分離,英国国教会設立	**1383** 現存する最古の英語遺言書 **1384頃** ジョン・ウィクリフとその門下,最初の完訳英語聖書完成.原典であるラテン語聖書から1000以上のラテン語を借用 **1387頃-1400** ジェフリー・チョーサー,『カンタベリー物語』執筆 **1400以降** 大母音推移はじまる ## 近代英語期 ➡ 大量出版が可能になり,新たな語彙の普及に寄与.ロンドンを中心とした英語が標準語として普及,綴り字の固定化促進 ➡ ギリシア・ラテン古典研究の隆盛.おびただしい数の古典語が英語に流入 **16c 以降** 疑問文・否定文で do の使用が漸次増加

社会・文化史	英語史
1536 　英国とウェールズの連合 1558 　エリザベス1世即位（〜1603） 1564 　シェークスピア生まれる（〜1616） 1584 　ウォルター・ローリー，米国ノースカロライナ沖のロアノーク島に上陸，ヴァージニアと命名 1588 　英国，スペインの無敵艦隊を撃破，世界へ覇権を拡大 1600 　東インド会社の設立．東洋との直接貿易開始 1603 　ジェームズ1世即位．スチュワート朝（〜1649） 1607 　ヴァージニア州ジェームズタウンへの入植．英国人によるアメリカの植民が本格化 1620 　ピルグリムファーザーズ，メイフラワー号でプリマス到着 1642-49 　清教徒革命 1649 　チャールズ1世処刑	1550 　ギリシア古典学者ジョン・チーク，新約聖書の一部を翻訳．ラテン・ギリシア借用語よりも英語本来語の使用を推奨 ➡　英語が世界へ拡張する端緒 ➡　東洋からの借用語増加 1611 　『欽定訳聖書』刊行．20世紀にいたるまで，英訳聖書の規範となる

219

社会・文化史	英語史
1653 オリヴァー・クロムウェル,護国卿に就任（〜1658） **1660** 王政復古. 亡命中のチャールズ1世の息子がチャールズ2世として即位 **1688** 名誉革命 **1707** 英国とスコットランドが連合,大ブリテン成立 **1763** 7年戦争（1756〜）終結. 英国はカナダとアメリカのフランス植民地を獲得 **1765** ジェームズ・ワット, 蒸気機関を改良. 産業革命のはじまり **1768-71** ジェームズ・クック, ニュージーランド・オーストラリアを探検 **1776** 7月4日, 北米13州が独立宣言 **1795** 英国, 南アフリカのケープ植民地をオランダから奪取 **1801** 大ブリテンとアイルランド連合	 **1755** サミュエル・ジョンソン, 最初の本格的な英語辞典出版 ➡ 鉄道などの交通機関の発達. ロンドンを中心にした標準英語が地方へ普及 ➡ 英語がオセアニアにも拡張 **1786** ウィリアム・ジョーンズ, ラテン語・ギリシア語とサンスクリット語の同一起源説を提唱 ➡ 英語のアフリカ進出の先駆け **1806** ノア・ウェブスター,『簡約

英語史年表

社会・文化史	英語史
[N. ウェブスターの肖像] N. ウェブスター	英語辞典』刊行．発音により近い新たな綴り字を提案，アメリカ式綴りの基礎を築く **1818** ラスムス・ラスク，ゲルマン語とほかの印欧語の間に見られる規則的な子音対応を指摘 **1822** ヤーコプ・グリム，グリムの法則を定式化 **1828** ノア・ウェブスター，『アメリカ英語辞典』刊行
1840 英国，ニュージーランドを植民地化 **1853** 米国使節のペリー，浦賀に来航，翌年日米和親条約．1858年，日米修好通商条約調印 **1877** 英領インド帝国成立（〜1947） **1914−18** 第1次世界大戦	➡ 日本語からの借用語増加 **1871** ルイス・キャロル，『鏡の国のアリス』刊行．slithy などかばん語（混成語）の使用 **1875** カール・ヴェルネル，グリムの法則の例外を説明 **1884** 『オックスフォード英語辞典』（当時の名称は *A New English Dictionary*）の第1分冊刊行 **1909** 『ウェブスター新国際英語辞典』初版刊行 ➡ 英米両国の影響力が増し，英語の重要性が高まる

221

社会・文化史	英語史
	1919 H. L. メンケン, 『アメリカ語』出版. アメリカ英語の独自性を主張
1927 チャールズ・リンドバーグ, 初めて大西洋単独無着陸飛行に成功	**1928** 『オックスフォード英語辞典』完成
1929 世界大恐慌はじまる	**1930** C. K. オグデン, ベーシック・イングリッシュ提唱
	1933 『オックスフォード英語辞典』補遺刊行
	1934 『ウェブスター新国際英語辞典』第2版刊行
1939−45 第2次世界大戦	➡ 米国の隆盛とともにアメリカ英語の影響力強まる
1945 原子爆弾, 広島・長崎に投下される	
1946 世界最初期のコンピュータ ENIAC 公開	**1949** 女性への敬称 Ms. 初出
1950 インド憲法施行	➡ 15年後に英語を公用語から除外すると定めたが, 以降も事実上英語の公的使用は継続
1950s−1960s 米国における公民権運動の高まり	
1957 ソ連, 人工衛星スプートニクの打ち上げ成功	
1960s 以降 男女平等社会を志向する女性解放運動の高まり	**1961** 『ウェブスター新国際英語辞

社会・文化史	英語史
	典』第3版刊行
	1962 ジョージ・バーナード・ショーの喜劇『アンドロクレスとライオン』の新アルファベット版出版
1963 ベティ・フリーダン,『新しい女性の創造』出版. 1960年代のベスト・セラー	
1964 英語能力検定試験トーフル(TOEFL)はじまる	
1969 人類, 初めて月面着陸に成功	
	1970 herstory 初出
1971 環境保護団体グリーンピース設立	
	1972-86 『オックスフォード英語辞典』新補遺刊行
	1973 国連で Ms. を公式採用
1976 植物状態のカレン・アン・クインラン嬢から生命維持装置を取り外すことを認める判決	1977 コンピュータ用語として user-friendly 初出. 以降, -friendly による造語増える
	1979 ハリケーンの命名の際, 男性名と女性名を交互に使用
1980s 以降 ポリティカル・コレクトネスの運動隆盛	➡ 差別語を回避する傾向が強まる
	1981 ランドルフ・クワーク, 核英語を提唱
	1985 physically-challenged 初出. 以降, -challenged による造語増える

社会・文化史	英語史
1990s 　インターネットの時代幕開け **1995** 　アメリカン・フットボールの元黒人スター選手 O.J. シンプソン被告に無罪判決 **1996** 　スコットランドで世界初の哺乳類のクローン雌羊ドリー誕生 **1997** 　『ハリー・ポッターと賢者の石』刊行	**1989** 　『オックスフォード英語辞典』第 2 版刊行 **1992** 　スーパーボウルで，ワシントンレッドスキンズ勝利．ネイティヴアメリカンに対する侮蔑表現 redskin が問題化 **1997** 　デイヴィッド・クリスタル，世界標準口語英語を提唱 **2000** 　『ニューヨークタイムズ』，ハリー・ポッターのアメリカ版を批判 　『オックスフォード英語辞典』オンライン版開始 **2006** 　中東カタールの衛星テレビ局，英語放送「アルジャジーラ・イングリッシュ」開始 　ワールドカップサッカーのドイツ大会でレフェリーの公式言語が英語のみとなる **2007** 　イランで，英語衛星テレビ「プレス TV」開局

人名・作品名・事項索引

本文で触れている主なものを収録. 一部を除きコラム, 図表で挙げたものは割愛した.

ア 行

アイオナ島　52
アウグスティヌス　51
アーサー王　21
『新しい女性の創造』　177
『アテネのタイモン』　91
ABBA　10
アフリカ系アメリカ英語　140
アメリカインディアン　85, 173
アメリカ英語　85, 102, 136~140, 144, 175, 185, 191, 196, 199
『アメリカ語』　140
アメリカ黒人英語　125, 140~142, 198
アメリカ方言学会　16, 92
アルジャジーラ　6
アルフレッド大王　54
アングル人　20~22, 49~51, 53, 54
『アントニーとクレオパトラ』　81
『アンドロクレスとライオン』　101
イギリス英語　102, 131, 134, 136~140, 144, 146, 182, 183, 191, 194, 196, 199
異綴りの同音異義語　102
異分析　179
意味借用　53, 57
印欧基語　29, 30, 32, 38
インク壺臭い言葉　78
インド英語　143~146
ヴァイキング　54
ヴァイキング時代　54, 58
ヴァン・ダイク　84
ウィキペディア　4
ウィクリフ, ジョン　69, 74
ウィリアム1世　41, 61, 62
ウェブスター, ノア　137, 196
『ウェブスター新国際英語辞典』　14
ウェルズ, H. G.　4, 7, 16, 193
ヴェルネル, カール　32
ヴェルネルの法則　31~33
ウルガタ　52
エアスピーク　7, 8, 198
英語純正運動　78
英語帝国主義　190
英語の閉鎖音　111, 112
英語の摩擦音　111, 112, 114
hの発音　110~114, 125
エズ (edh)　24
エドワード3世　73
エドワード証聖王　61
エニアック (ENIAC)　156
エリザベス1世　136
婉曲表現　130, 169~172
オーウェル, ジョージ　159
オグデン, C. K.　193
オサマ・ビンラディン　6
押し込み連鎖　107, 108
オースティン, ジェーン　184
『オセロ』　81
『オックスフォード英語辞典』　14, 15, 86, 88

225

カ 行

外国語としての英語（EFL） 11, 12, 197~199
『改訂英語聖書』 185
カエサル，ユリウス 50
顔文字 161
『鏡の国のアリス』 158
核英語 194, 195, 197
河口域英語 113
型の空白 112
かばん語 158
『カンタベリー物語』 74, 132
機械翻訳（自動翻訳） 192
北ゲルマン語 25
規範的態度 93
キャクストン，ウィリアム 75
逆成 65
キャロル，ルイス 158
共時的変異 110
近代英語 38, 46, 52, 58, 75, 77, 79, 83~85, 89, 96, 115, 117
『欽定訳聖書』 82
クインラン，カレン・アン 164
クック，ジェームズ 143
クヌート 54, 61
クーベルタン，P. de 8
クラウディウス1世 50
クリーヴランドインディアンズ 174
クリスタル，デイヴィッド 195, 196, 198
クリスティー，アガサ 172
グリム，ヤーコプ 30, 31, 34
グリムの法則 30~35
クレオール 56, 57, 145
グレゴリウス1世 51

グローバルな借用 84, 85
クワーク，ランドルフ 12, 194, 195, 197
繋合詞 141
敬称 117~119
ケニング 59, 60
ケルト人（民族） 21, 50, 53
ゲルマン基語 24, 25, 32, 38
ゲルマン民族の大移動 20
現代英語 14, 31, 33, 38, 40, 42~46, 56, 58~61, 63, 65, 69, 70, 80, 82, 83, 85, 88, 89, 91, 96, 105, 106, 108, 109, 111, 112, 114~117, 121, 122, 125~129, 131, 132, 134, 140, 148, 155, 196
『現代新国際訳聖書』 185
ケンブリッジESOL試験 13
語彙拡散 109
『恋の骨折り損』 79, 80, 100
後期近代英語 38
合成（語） 59
高地ドイツ語 25
公民権運動 172, 177
古英語 31~33, 38, 40~46, 50, 52, 53, 56~61, 65, 68, 69, 73, 89, 96, 98, 99, 110, 114~117, 122, 124, 127, 128, 131, 156
コカコーラ的植民地化 191
国際語 5, 16, 20, 190~193, 196, 198
国際サッカー連盟 9
国際色豊かな語彙 14, 16, 42
コックニー 111, 113
コルンバ 51
混種語 66, 68, 86
混成（語） 155, 158, 159, 161, 191

サ 行

サクソン人　20~22, 51, 54
シェークスピア, ウィリアム　15, 40, 42, 53, 79~82, 89, 90, 100, 118, 121, 141
『ジェームズ王聖書』　82
ジェンナー, エドワード　162
七王国（時代）　51, 54
借用語
　アメリカインディアン〜　85
　アラビア〜　72
　イタリア〜　27, 84
　インド〜　85
　オランダ〜　83, 84
　ギリシア〜　77, 78
　ケルト〜　53
　中国〜　86
　ドイツ〜　84
　日本〜　86~88, 175
　フランス〜　27, 33, 35, 41, 47~49, 59, 62~70, 75, 98, 112
　北欧〜　54, 56, 57, 122
　ラテン〜　27, 47, 48, 52, 53, 69~71, 75, 76, 78, 79
ジュート人　20~22, 51, 54
『ジュリアス・シーザー』　81
ショー, ジョージ・バーナード　97, 101, 111
障害者差別　168, 169
Shavian alphabet (Shaw alphabet)　101
初期近代英語　38, 79, 83, 89, 90, 100~102, 118, 131
女性解放運動　177
女性を表わす語の意味の下落　182

ジョン王　73
ジョーンズ, ウィリアム　28
ジョンソン, サミュエル　90, 91, 93
シラク, ジャック　191
新英語　143
『新改訂標準訳聖書』　185
シンガポール英語　199
人種差別　168, 172, 174~176
親称　117, 118, 121
シンプソン, O. J.　172, 173
スウィート, ヘンリー　140, 191
スコット, ウォルター　184
『スター・ウォーズ』　9
ストーンヘンジ　21
スミス, オジー　182
性差別　168, 176, 179, 181, 185
性別に関して中立な　178
世界語　12, 16, 20, 136, 193
『世界はこうなる』　4, 5, 193
世界標準口語英語　195, 198
接辞　58, 68, 108, 180
ゼロ派生　89~92, 94
『1984年』　159
セントラル・フレンチ　62, 63
セントルイスカーディナルズ　182
総合的言語　96
総称の he　183
『そして誰もいなくなった』　172
ソーン（thorn）　24
尊敬の複数　118, 119

タ 行

ダイアナ元皇太子妃　113
ダイグロシア　199

『タイタニック』 9
第2言語としての英語（ESL） 10~12, 197~199
大母音推移 104~109, 115
『タイム・マシン』 4
ダウン，ジョン 175
多言語使用 199
多重否定 141
「ダンシング・クイーン」 10
単数の they 184, 185
地球語 12
地球村 192
チーク，ジョン 78
チャーチル，ウィンストン 49, 67, 193
チャールズ皇太子 191, 196
中英語 38, 41, 42, 44, 46, 47, 52, 56, 58, 59, 62, 63, 66~70, 72, 75, 89, 96, 98, 100, 103~106, 108, 109, 114~117, 122, 123, 128, 131, 132
チョーサー，ジェフリー 38, 40, 42, 74, 94, 132, 133, 141
綴り字改革 100~103
綴り字発音 103
ディケンズ，チャールズ 184
低地ドイツ語 25
丁寧さ 129~131
転換 89
デーンロー 54, 55
トーイック（TOEIC） 13
頭字語 151, 165, 193
トクピシン 145, 146
トーフル（TOEFL） 13
ドリー 166
トンボー，クライド 92

ナ 行

2言語使用 199
西ゲルマン語 25
二重語 57, 63, 75, 76
人称代名詞
　1人称代名詞 115, 116, 126
　2人称代名詞 116~119, 121, 125, 126, 131
　3人称代名詞 42, 57, 122, 123, 126
ネイティヴアメリカン 85, 173, 174
ネットスピーク 159
ノルマン征服 41, 47, 62, 73, 74, 96
ノルマン・フレンチ 62~64

ハ 行

バイユーのタペストリー 62
派生（語） 58, 59, 89
『ハックルベリー・フィンの冒険』 142, 172
ハドリアヌス 51
ハドリアヌスの防壁 51
バートン，ドリー 166
『ハムレット』 15, 81, 82
ハリケーン・カトリーナ 186
『ハリー・ポッターと賢者の石』 175, 176
ハロルド2世 41, 61
ハンプティダンプティ 158
東ゲルマン語 25
引き込み連鎖 107, 108
『ピグマリオン』 101, 111
非語源的な 99
ピジン 145

人名・作品名・事項索引

ピジン・クレオール英語　145, 146
百年戦争　73
ピルグリムファーザーズ　136
フィリップ2世　73
フィールディング, ヘンリー　184
フェミニズム　177, 182, 183, 186
フォークス, ガイ　125
付加疑問文　195
複合（語）　59~61, 89
父称　55
フリジア人　20~22, 51, 54
フリーダン, ベティ　177, 178
ブリティッシュカウンシル　13
ブレア, トニー　113
ブロカー, ウィリアム　101
分析的言語　96
文法化　127
『ベーオウルフ』　38~40, 42, 45
ベーカー, ラッセル　179
ベーシック・イングリッシュ　5, 193, 194
ヘースティングズ　41, 61
『ペリクリーズ』　90
ヘンリー2世　62, 73
ヘンリー4世　74
『ヘンリー5世』　81
『ヘンリー6世』第三部　91
法助動詞　126, 129, 130
母語としての英語（ENL）　10~12, 197~199
ポリティカル・コレクトネス　168
翻訳借用　52

マ　行

『マイ・フェア・レディ』　101, 111
マーク・トウェイン　142, 172
マクドナルド化　191
『間違いつづき』　81
メンケン, H. L.　140
黙字　97~100

ヤ　行

融合　123, 124
容認発音　113

ラ　行

ラスク, ラスムス　30, 31
リングワ・フランカ　5, 192, 194, 198
リンチ, ウィリアム　92
リンディスファーネ修道院　52
『リンディスファーネ福音書』　52
類義語　46, 47, 194
ルネサンス　41, 42, 47, 74
ルーベンス　84
レンブラント　84
ローズヴェルト, フランクリン　194
『ロード・オブ・ザ・リング』　10
ロマンス語　26
『ロミオとジュリエット』　118
ローリー, ウォルター　136
ローリング, J. K.　175
『ロングマン現代英英辞典』　169, 170, 185

ワ　行

ワシントンレッドスキンズ　174

語句索引

本文で触れている主なものを収録.一部を除きコラム,図表,新語リストで挙げたものは割愛した.古英語・中英語,アメリカ黒人英語,ピジン・クレオール英語,外国語の語句は省いた.

A

a/an　116
A-bomb　150, 151
ableism　168
accommodation　80
acid rain　166
active euthanasia　164
actor　69
adjacent　70
adversary　46, 47
AFAIK　160
affirmative action　175, 176
African-American　151, 173
African-American English　141
Afro-American　173
ag(e)ism　168
AIDS　165
AIDS patient　165
AIDS sufferer　165
AIDS victim　165
air/heir　102
alchemy　72
alcohol　72
algebra　73
alkali　73
almanac　73
Althorp　55
ambitious　70
amen　73

American Civil Rights Movement　173
American Indian　85, 173
ample　46, 47
analysis　77
Anderson　55
angel　52
animal　69
anthropology　77, 78
antivirus program　162
anxious/anxiety　33
aperson (=amen)　179
apparel　64
Arizona　85
army　64
arrow　66
artificial insemination　162
ask　46, 47
assassination　80
astrology　59
astronomy　59
aunt　40, 41, 66, 69
Avon　53

B

bacon/swine/pig　65
bacteriology　78
barber　66
barefaced　80

語句索引

baron/baroness 63, 64
basso 84
battle 64
be in the know 89
beach/beech 102
beast 69
beef/ox 65
beige 114
Big Bang 151
bill 63
bio- 77
biochemistry 77
biocomputer 77
biocycle 77
biodiversity 77
biodynamics 77
bioecology 77
bioengineering 77
bioethics 77
biofuel 77
biogenetics 77
biohazard 77
biology 77, 78
biophysics 77
biotechnology 77
biowarfare 77
Bishopsthorpe 55
black（動詞用法） 94
Black English 140
Black Monday 151
black people 173
black (person) 173
blind 170
blood 109
boil 64
bonnet 138

bonze 86
bonzery 86
bonzess 86
boogie-woogie 149
boot 138
bovine 71
brain death 163
brake/break 102
bridegroom 40
broil 64
broom 109
Browning 55
BSE 71
BTW 160
butcher 66
butter 53
buy（名詞用法） 94
-by（地名に付く要素） 55
byword 78

C

cabbage 64
cabin attendant 180
call 56
can 126~130
candle 52
canine tooth 71
capture 35
car 102
care 35
carpenter 66
cast pearls before swine 82
catalog/catalogue 137
catch/chase 63
Caucasian 173
center/centre 137

ceremony 70
chair 178
chairman 178
chairone 178
chairperson 151, 178, 179
chairwoman 178
-challenged 151, 171
chamber/camera 75
chapatti 144
cheese 53
cherry 64
Chester 53
-chester, -caster, -cester (地名に付く要素) 53
clergy 63
clone 165
cloning 165
cloth 66
coat 64
cobalt 84
color/colour 137
colored people 172
come-and-go (名詞用法) 94
computer 155, 156
computeracy 159
computer crime 162
computer criminal 162
computer fiction 156
computer game 156
computer graphics 156
computerholic 156
computer junkie 156
computer literacy 157
computer-literate 157
computerphobe 157
computer science 156

computer scientist 156
computerspeak 94
computer virus 162
condom awareness 165
condomania 165
conduce/conduct 76
Connecticut 85
contempt 70
cook 109
cotton 73
couch potato 156
countless 80
cousin 40, 41, 66, 69
cracker 162
create/creation/creature 103
cripple 169
crore 144
cruiser 83
CU 160
cube 77
cure 35
curry 85
custody 70
customer-friendly 157
cynology 78

D

D-Day 150
daisy 60
dark green 167
deaf 170
death with dignity 164
debt 97, 100
December 27
deep green 167
deer 22, 69

defense 64
delight 98
dentist 27
Derby 55
diagnosis 77
diagram 77
diamond 64
die 56
differently abled 169
dinner 67
direct 76
disabled 169
dislocate 80
divide 76
do（助動詞） 131~134
dock 83
doctor-assisted suicide 164
dog 71
dog（動詞用法） 89
dogma 77
do's and don'ts 94
doubt 97, 100
Down's syndrome 175
dream 57
drive-thru 104
duke/duchess 63, 64
dumb 170
duo 27
dwindle 80

E

e- 16
earl/countess 63, 64
easel 83
Easter 53
eat the leek 81

eco- 78, 167
ecoactivist 167
eco-awareness 167
ecocatastrophe 78
ecocide 78
eco-friendly 167
eco-labeling 167
ecology 78
economics 77
ecopolitics 78
ecostore 167
ecosystem 78
Ecotopia 167
ecotourism 167
e-government 16
elbow（動詞用法） 92
'em 42, 122
e(-)mail 16, 159
emoticon 161
enemy 46, 47
engage 67
England 21
English 21, 22
enough 46, 47
environment-friendly 157
-ess 180
ethnic monitoring 175
e-ticket 16
euthanasia 164
eventful 80
e-waste 16
exclude 70
explanation 70
eye（動詞用法） 92
eye/I 102
eye（doctor） 71

eye for an eye 82

F
face 66
FAQ 160
fashion 64
favor/favour 137
female lawyer 180
finish 67
first floor 138
Fitz-（人名に付く要素） 55
Fitzgerald 55
five/fifth 108
fletcher 66
flight attendant 180
flood 109
flour/flower 102
foe 46, 47
food 105, 109
fool 109
foot 109
foreplay 151
foresayer 78
fortnight/two weeks 194
fox（動詞用法） 92
fresco 84
-friendly 157
fry 64
F2F 160
futon 88
FYI 160

G
galumph 158
garbology 78
gas attack 150

gas chamber 150
gas mask 150
gay 151
gay plague 165
genocide 150
genre 114
gerontology 78
ghost 52, 97, 99
ghoti (=fish) 98
girl athlete 180
glasnost 151
global warming 151, 166
gloomy 80
go up (=climb) 193
Godzilla 88
Good day 102
Google 159
Google（動詞用法） 94
gotten 139
gown 64
grandfather/-mother 66
grape 64
great（名詞用法） 94
great business tycoon 88
Great War 150
green 151
green-eyed monster 81
greenhouse effect 166
greenie 167
greenism 167
green labeling 167
Green Party 167
Greenpeace 167
greenster 167
greenwash 167
GR 8 160

groom 109
guy 125

H

Häagen-Dazs（動詞用法） 94
hacker 162
haiku 88
hair 66
handicapped 169
handkerchief 97, 98
handsome 98
hara-kiri 88
have 33
have love for 193
he or she/she or he 184
head 96
hear/here 102
hearing impaired 170
heir 110
herstory 179
hiccough 97
hippie 151
his (him) or her/her or his (him) 184
historical 110
history 110, 179
hit 56
HIV 165
Holy Ghost/Holy Spirit 52
homemaker 180
home page 151
honest 110
honor 110
honor/honour 137
hood 138
Hoover（動詞用法） 92
hopeful（名詞用法） 94
hour 110
housewife 180
human 40, 41
husband 56
hydrogen bomb 150

I

I 116
IDK 160
if（名詞用法） 91
ifs and buts 91
Ike/Ikey/Iky 174
ill 56
illiterate 68
immunology 78
impatience 68
in-（否定の接頭辞） 68
incarnate 70
include 70
inclusive 181
indirect 68
inferior 70
informal 68
information technology (IT) 155
-ing（人名に付く要素） 55
inquire 46, 47
ins and outs 94
interactive fiction 156
interrogate 46, 47
interrupt 70
in vitro fertilization 162
irregular 68
-ism 168
its 124
It's (all) Greek to me. 81

It's not (quite) cricket.　195

J

Jap　174
Japan　86
Japanology　78
Jew　174
jewboy　174
jewel　64
Johnson　55
judge　63
judgment/judgement　137
judo　88
juku　88
jungle　85
juniper　70

K

karaoke　88, 89
keep　105
keep/kept　108
kennel　71
kimono　88
knife　56
knight　63, 64
knight/night　102
know　97, 98
know/no　102
kogai　88
Kuge　86

L

lady　61
lakh　144
lamp　59
LAN　151

Lancaster　53
landscape　83
laughable　80
leg　56
lemon　73
lesbian　151
lettuce　64
leveling/levelling　137
Levi's　149
life sustaining system　163
light　99, 103
limbo　70
listen　103
living will　164
-logy　78
London　53
loose　56, 109
lord　61
lucrative　70
luxury/luxurious　33
lynch（動詞用法）　92

M

Mac-（人名に付く要素）　55
Macdonald/McDonald　55
made/maid　102
make a request　68
man　178, 180
-man　178
man and wife　183
Manchester　53
manga　88
marquess/marchioness　63, 64
mason　66
master/mistress　180, 182
mathematics　77

語句索引

may 126~130
meat 66
media tycoon 88
mercy killing 164
Messiah 73
meteorology 78
meter/metre 137
mile 53
Miller Lite 103
Miss 183
Mississippi 85
mobile 151
money 63
mongolism 175
monk 52
moon 109
motel 155
mouse（複数形 mice, mouses） 156, 157
mouse potato 156
Mr. 182
Mrs. 182
Ms. 182, 183
mushroom（動詞用法） 92
must 126, 128~130
must（名詞用法） 91, 92
mute 170
mutton/sheep 65
my/mine 116

N
name 96, 104, 105
Native American 85, 173
near（動詞用法） 94
negro 172
nemawashi 88
nephew/niece 66, 69
netizen 151, 159
netspeak 159
neurology 78
newspeak 160
nigger 172
night 97, 98
Nip 174
nopersonclature (= nomenclature) 179

O
O'（人名に付く要素） 55
O'Brien 55
oboe 84
oculist 71
odd 56
often 103
Ohio 85
oil tycoon 88
OK 140
onion 64
on purpose 81
opera 84
ophthalmologist 71
optician 71
organ transplant 163
ornament 64
ought 98
out-Bush Bush 81
out-Darwin Darwin 81
out-Gates Gates 81
out-Herod Herod 81
out-Milton Milton 81
out of left field 196
ox 71

ozone-friendly 157, 167
ozone hole 166

P

pachinko 88
parable 78
parent 66, 69
parents/mother and father 194
parliament 63
passive euthanasia 164
pastor 63
paternal 27
pea 65
peach 64
pearl 64
pease 65
pedal 27
people with disabilities 169, 170
peregrinate 79, 80
peremptory 79
perestroika 151
person 40, 41
-person 178, 179
person with AIDS (PWA) 165
personal computer 156
personners (=manners) 179
persontle (=mantle) 179
phonology 78
physically challenged 169
physically different people 169
physics 77
piano 84
pianoforte 84
picture 70
pleasure 112
pleasure (動詞用法) 90

pluto (動詞用法) 92
polish 70
polite 70
political correctness (PC) 168
polo 85
pop 149
pope 52
pork/swine/pig 65
possible/possess 33
priest 52
prima donna 84
program/programme 137
prophet 78
prosecute 70
psychedelic 151
psychology 97, 99
Ptolemy 100
push 67

Q

quartz 84
question 46, 47
quiet 70

R

rac(c)oon 85
racism 168
radar 151
reader-friendly 157
red/read 102
redskin 174
religion 63
remit 70
rent 63
rent-a-womb 163
replica 84

reprehend 70
roast 64
robe 64
rock and roll 150
rood 109
roof 109
room 109, 110
root 109
Rugby 55
ryot 144

S

sabi 88
safe sex 151
sail/sale 102
salad days 81
salesperson 178
Satan 73
scales fall from one's eyes 82
scripture 70
Second World War 150
seismology 78
sermon 63
sex 151
sexism 168
she 122, 186
s/he 184
sheep/shepherd 108
ship 96
shirt 57
shook 109
sign/signal 103
sister（動詞用法） 90
sketch 83
skin 56
skirt 56

sky 56
slithy 158
slow（動詞用法） 94
smile 56
smiley 161
smog 155
social network service 159
soldier 64
sole/soul 102
son/sun 102
-son（人名に付く要素） 55
soon 109
spokesperson 179
spoon 109
standard 64
starve 56
statesperson 178
Stevenson 55
stewardess 180
stone 66
stool 109
street 49, 53
studio 84
subway 138
sufficient 46, 47
sugar 73
sure/secure 75
surrender 49, 67
surrogate mother 163
sushi 88
sweets 94
syrup 73
system 77

T

tail/tale 102

tailor 66
take 56
talent 82, 83
tea 86
teenage 149
testify 70
testimony 70
Texas 85
Thames 53
the 43
theater/theatre 137
theology 63
theorem 77
theory 77
they/their/them 42, 57, 122
-thorp(e)（地名に付く要素） 55
thou 116~118, 120, 121
though 98
thrasonical 79
through 98
Thursday 56
till 58
To be, or not to be, that is the question. 82
tomahawk 85
tomato 102
tooth 109
totem 85
tough 97
tradition 70
treasure 112
trunk 138
T-shirt 149
turn the other cheek 82
tycoon 88

U
ulcer 70
un-（否定の接頭辞） 68
uncle 40, 41, 66, 69
undershirt 138
ungreen 167
unjust 68
unreasonable 68
ups and downs 94
user-friendly 157

V
vaccine 162
valley of the shadow of death 82
veal/calf 65
venison/deer 65
vest 138
virus checker 162
viscount/viscountess 63, 64
visually impaired 170
volcanology 78

W
wabi 88
waistcoat 138
Walkman 88
wall 53
want 56
war 64
way/weigh 102
we 115
weak 56
weak/week 102
Web site 151
Wednesday 98

werewolf 40
Whitby 55
white (person) 173
wide/width 108
wimmin 179
Winchester 53
window 56
windscreen 138
windshield 138
Windsor 98
wine 53
wise/wisdom 108, 109
with hearing difficulties 170
without fail 68
with seeing difficulties 170
wizard/witch 182
woman 179
woman doctor 180
women 179
Women's Liberation Movement 177
womon 179
womyn 179
wood 66
Worcester 53
World Wide Web (WWW) 151, 159
worm 162
wound 105
wrong 56

X
Xerox（動詞用法） 92

Y
yacht 83
Yahoo 159
Yahoo（動詞用法） 94
yakuza 88
y'all 125
ye 117, 118, 121, 122
yid 174
you 117, 120~122, 131
you all 125
you folks 125
you guys 125
you people 125
youse 125
you-uns 125

Z
Zengakuren 88
zinc 84
zoology 78

寺澤 盾（てらさわ・じゅん）

1959（昭和34）年東京都生まれ．82年，東京大学文学部英語英米文学科卒業．84年，同大学院人文科学研究科英語英文学修士課程修了．85〜89年，ブラウン大学大学院言語学科留学．89年，同 Ph.D. 一橋大学法学部専任講師を経て，現在，東京大学大学院総合文化研究科言語情報科学専攻准教授．97〜98年，オックスフォード大学にて在外研究，2008年4月より1年間ハーヴァード大学で客員研究員．

著書 *Nominal Compounds in Old English: A Metrical Approach*（Rosenkilde and Bagger, 1994）

共著『英語の意味』（大修館書店，1996年）

論文「古英詩の写本とテクスト」『書物の言語態』（東京大学出版会，2001年）

「英語受動文―通時的視点から」『認知言語学Ⅰ』（東京大学出版会，2002年）

"A Sociohistorical Study of Periphrastic Comparison in English" *Current Issues in English Linguistics*（Kaitakusha, 2003）

"Is Beowulf a Spy? A Note on *Beowulf* 253a" *Text, Language and Interpretation*（Eihosha, 2007）ほか多数

英語の歴史	2008年10月25日初版
中公新書 1971	2013年5月10日6版

著 者　寺澤　盾
発行者　小林　敬和

本文印刷　三晃印刷
カバー印刷　大熊整美堂
製　本　小泉製本

発行所　中央公論新社
〒104-8320
東京都中央区京橋 2-8-7
電話　販売 03-3563-1431
　　　編集 03-3563-3668
URL http://www.chuko.co.jp/

定価はカバーに表示してあります．
落丁本・乱丁本はお手数ですが小社販売部宛にお送りください．送料小社負担にてお取り替えいたします．

本書の無断複製（コピー）は著作権法上での例外を除き禁じられています．また，代行業者等に依頼してスキャンやデジタル化することは，たとえ個人や家庭内の利用を目的とする場合でも著作権法違反です．

©2008 Jun TERASAWA
Published by CHUOKORON-SHINSHA, INC.
Printed in Japan　ISBN978-4-12-101971-4 C1282

中公新書刊行のことば

いまからちょうど五世紀まえ、グーテンベルクが近代印刷術を発明したとき、書物の大量生産は潜在的可能性を獲得し、いまからちょうど一世紀まえ、世界のおもな文明国で義務教育制度が採用されたとき、書物の大量需要の潜在性が形成された。この二つの潜在性がはげしく現実化したのが現代である。

いまや、書物によって視野を拡大し、変りゆく世界に豊かに対応しようとする強い要求を私たちは抑えることができない。この要求にこたえる義務を、今日の書物は背負っている。だが、その義務は、たんに専門的知識の通俗化をはかることによって果たされるものでもなく、通俗的好奇心にうったえて、いたずらに発行部数の巨大さを誇ることによって果たされるものでもない。現代を真摯に生きようとする読者に、真に知るに価いする知識だけを選びだして提供すること、これが中公新書の最大の目標である。

私たちは、知識として錯覚しているものによってしばしば動かされ、裏切られる。私たちは、作為によってあたえられた知識のうえに生きることがあまりに多く、ゆるぎない事実を通して思索することがあまりにすくない。中公新書が、その一貫した特色として自らに課すものは、この事実のみの持つ無条件の説得力を発揮させることである。現代にあらたな意味を投げかけるべく待機している過去の歴史的事実もまた、中公新書によって数多く発掘されるであろう。

中公新書は、現代を自らの眼で見つめようとする、逞しい知的な読者の活力となることを欲している。

一九六二年十一月

世界史

2050 新・現代歴史学の名著 樺山紘一編著	1546 物語 スイスの歴史 森田安一
1045 物語 イタリアの歴史 藤沢道郎	1420 物語 ドイツの歴史 阿部謹也
1771 物語 イタリアの歴史II 藤沢道郎	1838 物語 チェコの歴史 薩摩秀登
1100 皇帝たちの都ローマ 青柳正規	1131 物語 北欧の歴史 武田龍夫
2152 物語 近現代ギリシャの歴史 村田奈々子	1758 物語 バルト三国の歴史 志摩園子
1635 物語 スペインの歴史 岩根圀和	1655 物語 ウクライナの歴史 黒川祐次
1750 物語 スペインの歴史 人物篇 岩根圀和	1042 物語 アメリカの歴史 猿谷要
1564 物語 カタルーニャの歴史 田澤耕	2209 アメリカ黒人の歴史 上杉忍
138 物語 フランス革命 安達正勝	1437 物語 ラテン・アメリカの歴史 増田義郎
1963 ジャンヌ・ダルク 村松剛	1935 物語 メキシコの歴史 大垣貴志郎
2027 物語 ストラスブールの歴史 内田日出海	1964 黄金郷伝説 山田篤美
2167 物語 フランス革命 安達正勝	1547 物語 オーストラリアの歴史 竹田いさみ
1916 物語 イギリス帝国の歴史 秋田茂	1644 ハワイの歴史と文化 矢口祐人
1801 物語 ヴィクトリア女王 君塚直隆	518 刑吏の社会史 阿部謹也
1215 物語 大英博物館 出口保夫	
物語 アイルランドの歴史 波多野裕造	

中公新書 R 言語・文学・エッセイ

番号	タイトル	著者
433	日本語の個性	外山滋比古
1199	センスある日本語表現のために	中村 明
1768	なんのための日本語	加藤秀俊
2083	古語の謎	白石良夫
533	日本の方言地図	徳川宗賢編
500	漢字百話	白川 静
1755	部首のはなし	阿辻哲次
1831	部首のはなし2	阿辻哲次
1880	近くて遠い中国語	阿辻哲次
742	漢字百話	阿辻哲次
1833	ハングルの世界	金 両基
1971	ラテン語の世界	小林 標
1212	英語の歴史	寺澤 盾
1533	日本語が見えると英語も見える	荒木博之
1701	英語達人列伝	斎藤兆史
	英語達人塾	斎藤兆史
2086	英語の質問箱	里中哲彦
2165	英文法の魅力	里中哲彦
1448	「超」フランス語入門	西永良成
352	日本の名作	小田切 進
212	日本文学史	奥野健男
2193	日本恋愛思想史	小谷野 敦
563	幼い子の文学	瀬田貞二
2156	源氏物語の結婚	工藤重矩
1965	男が女を盗む話	立石和弘
1787	平家物語	板坂耀子
2093	江戸の紀行文	板坂耀子
1233	夏目漱石を江戸から読む	小谷野 敦
1672	ドン・キホーテの旅	牛島信明
1798	ギリシア悲劇	丹下和彦
1933	ギリシア神話	西村賀子
2017	ローマ喜劇	小林 標
1254	ケルト神話と中世騎士物語	田中仁彦
1062	アーサー王伝説紀行	加藤恭子
1610	童話の国イギリス―ピーター・ミルワード	小泉博一訳
275	マザー・グースの唄	平野敬一
1790	批評理論入門	廣野由美子
1734	ニューヨークを読む	上岡伸雄
2148	フランス文学講義 デイヴィッド・クリスタル	塚本昌則
1774	消滅する言語	斎藤兆史・三谷裕美訳
2213	漢字再入門	阿辻哲次

i1